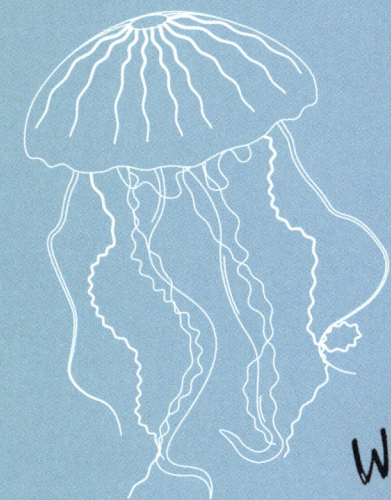

Was schwimmt
in Europas Meeren?

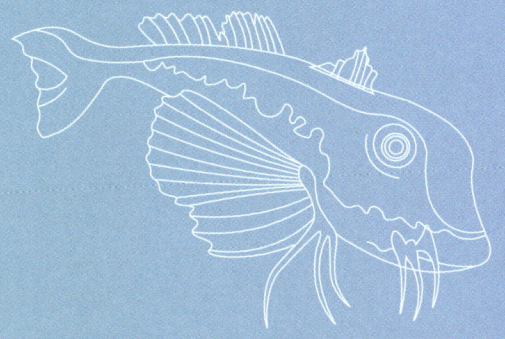

Dank
unserem Jugendbeirat

Ann-Kristin Ask, 18 Jahre. Aaron Beigel, 17 Jahre. Juri Benthien, 14 Jahre.
Emely Betz, 18 Jahre. Yen Nhi Do, 14 Jahre. Alea Garcia, 14 Jahre.
Zvonimir Garic, 17 Jahre. Victoria Gerstenbrand, 14 Jahre. Marc Hahn, 19 Jahre.
Reshma Joseph, 14 Jahre. Kim Kaltwasser, 14 Jahre. Julian Menn, 16 Jahre.
Andrea Patru, 15 Jahre. Petar Puda, 14 Jahre.
Moana Qose, 14 Jahre. Ben Rohr, 17 Jahre.

Fragen an
EUROPA

Gesine Grotrian & Susan Schädlich

Was sind wir ?
Woher kommen wir ?
Was wünschen wir ?
Was lieben wir ?
Was fürchten wir ?

BELTZ
& Gelberg

WELCHE FRAGE STEHT WO?

Inhaltsverzeichnis

WAS LIEBEN WIR?

WAS FÜRCHTEN WIR?

Wir machen Sommerurlaub am Mittelmeer und fahren Ski in den Alpen. Wir singen den Sommerhit auf Spanisch, essen heute Pizza und morgen Döner. Wir fiebern im Fußball mit Barcelona oder Liverpool und träumen davon, mal eine Weile auf Island zu leben. Europa? Ist die meiste Zeit ganz selbstverständlich da.

Aber was macht es eigentlich aus? Was bedeutet Europa für uns? Was fürchten wir? Was wünschen wir uns von Europa? Und was hat die EU mit alldem zu tun? Einen ganzen Haufen solcher Fragen haben wir uns gestellt. Und wir haben euren Fragen zugehört, indem wir Jugendliche gebeten haben, uns beim Buch-Machen zu begleiten. Dann sind wir losgelaufen und haben Antworten gesucht. Wir haben gelesen und recherchiert und viele Expertinnen und Experten gefragt. Statt eindeutiger Aussagen fanden wir immer nur noch mehr Dinge, über die wir zu grübeln begannen. Europa rückte uns wirklich nah. Außerdem grätschte es alle paar Tage mit neuen Nachrichten dazwischen: Würde Mazedonien seinen Namen ändern?

Würde Deutschland bald eine Fußball-EM ausrichten? Könnte die Krise in der Ukraine erneut eskalieren? Und wie um alles in der Welt würde die Sache mit dem Brexit ausgehen? Schließlich haben wir das Buch genau so genannt: Fragen an Europa.

60 davon haben wir ausgewählt. Jede hat eine Doppelseite bekommen. Über diese haben wir immer wieder mit den Jugendlichen diskutiert und manchmal auch gestritten. Dieser Austausch war uns die größte Hilfe. Denn nur im Gespräch miteinander kommen die zentralen Fragen ans Tageslicht. Jene, die uns wirklich bewegen.

Vielleicht stolperst du beim Durchblättern des Buchs über ein paar, bei denen es dir so geht. Es kann passieren, dass du hinterher mehr Fragen als Antworten gefunden hast. Das wäre großartig! Denn dann wäre Europa auch dir nahegekommen. Und genau das braucht es am dringendsten: Leute, die mitdenken. Die mitreden und sich einmischen. Denn Europa ist, was wir draus machen.

Im Dezember 2018

Gesine Grotrian
Susan Schädlich

Und wie funktioniert das Buch?

Frauen tragen Hosen und Männer manchmal Röcke: So ist unsere Realität, aber für Piktogramme macht es das schwierig. Weil wir im Buch viele verwenden, sei vorab gesagt: Männchen stehen nicht notwendigerweise für Männer. Meist meinen sie einfach: Menschen.

Eine ganz besondere Stelle im Buch ist der Bund in der Mitte, weil er Dinge verschlucken kann. Deshalb mussten wir zum Beispiel Karten manchmal etwas anders aufteilen als gewöhnlich. Zahlen haben wir in der Regel gerundet.

Entscheiden mussten wir uns auch, welches Europa wir betrachten, vor allem wenn wir Zahlen und Fakten nennen. Wir haben das politische Europa gewählt, wie wir es im Buch vorstellen: Das sind die Staaten der Europäischen Union plus eng verbundene Länder und solche, die vielleicht eines Tages zur EU gehören werden, weil sie im Beitrittsprozess stecken. Es sind zum Beispiel die Schweiz, Norwegen und die Türkei dabei. Bei den Ländernamen verwenden wir gebräuchliche und verständliche Kurzformen. Wir schreiben zum Beispiel Slowakei für die Slowakische Republik. Wenn wir von Großbritannien sprechen, meinen wir das Vereinigte Königreich mit Nordirland. Wir bezeichnen den Mikrostaat mit Papst als Vatikan. Und wir nutzen die Kurzform Mazedonien, auch wenn es um diesen Namen manchmal Streit gibt.

Erlernte Bilder & überraschende Ansichten

Auf dem kopf sehen
Dinge ganz anders aus.

Na, verwirrt? Gut so! Diese Karte soll aufrütteln. Sie zeigt Europa einmal anders: nicht groß und schön mittig wie so oft. Was einen Europäer wundert, ist für Menschen in Asien aber normal, ihre Karten bilden den asiatischen Kontinent und den riesigen Pazifik oft zentral ab. Denn es gibt in dieser Hinsicht kein Richtig oder Falsch. Karten sollen die Welt veranschaulichen und zugleich praktisch sein. Welcher Teil der Erdoberfläche ins Zentrum gerückt wird, hängt sehr davon ab, was dem jeweiligen Betrachter besonders wichtig ist.

Überhaupt sind alle Karten immer Konstruktionen und Vereinfachungen.

Denn beim Abbilden der Kugeloberfläche der Erde auf einem zweidimensionalen Blatt Papier werden die Flächen und Strecken immer verändert oder verzerrt. Über die Jahrhunderte wurden eine ganze Reihe Projektionen entwickelt, die jeweils ein etwas anderes Bild unserer Welt zeigen. Jede hat Vor- und Nachteile. Letztlich ist es auch nur eine Konvention, den geografischen Nordpol auf der Karte nach oben zu legen. Denn eigentlich hat eine Kugel kein Oben oder Unten. Stellen wir die Welt also mal auf den Kopf – und damit auch unsere üblichen Bilder von ihr.

Sechs unterschiedliche Definitionen

EUROPA
politisch verbunden

EU-ROPA
Europäische Union

Es gibt nicht das eine Europa !

€UROPA
Staaten mit Euro

REISEEUROPA
Schengenraum

EUROPA
geografisch

FUSSBALLEUROPA
UEFA-Länder

Menschen im politisch definierten Erdteil

5.900.000 km²
Fläche

Von diesem Europa
sprechen wir in dem
Buch — wenn wir nichts
anderes sagen.

620.000.000 Menschen

103.000.000
0 bis 14 Jahre

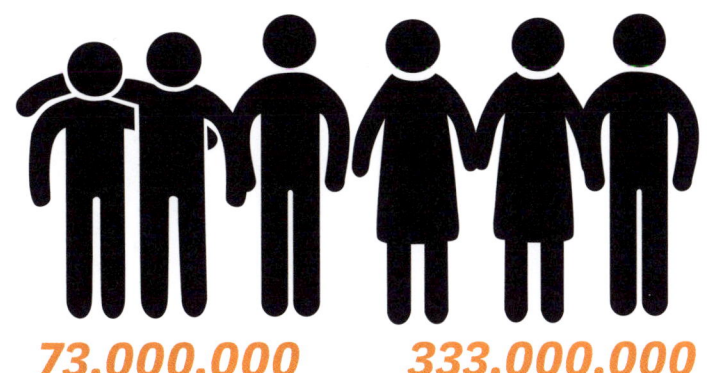

73.000.000
15 bis 24 Jahre

333.000.000
25 bis 64 Jahre

111.000.000
65 und älter

316.000.000
Frauen

304.000.000
Männer

Wie das die Welt bis heute prägt

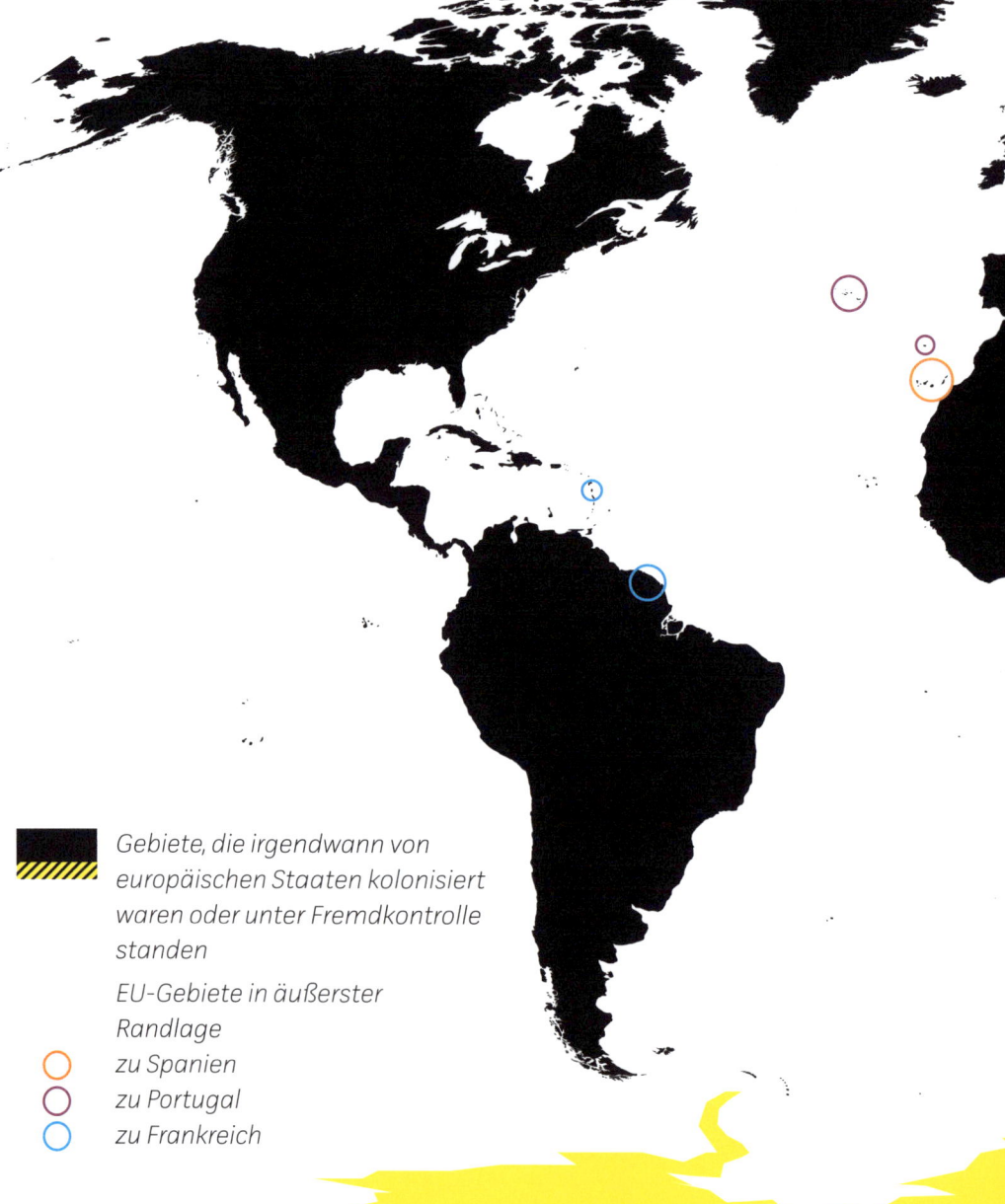

Gebiete, die irgendwann von
europäischen Staaten kolonisiert
waren oder unter Fremdkontrolle
standen

EU-Gebiete in äußerster
Randlage
○ zu Spanien
○ zu Portugal
○ zu Frankreich

Vor 500 Jahren segelten die großen
Entdecker über die Weltmeere. Europäische Seefahrer stießen in Erdteile vor,
von deren Existenz sie zuvor allenfalls
eine vage Ahnung hatten. In der Folge
entbrannte ein erbitterter Wettstreit
zwischen den europäischen Mächten,
wer welchen Teil der Welt für sich bean-

spruchen durfte. Es ging um Rohstoffe,
Land, Arbeitskräfte, strategische Besitz-
tümer an Schifffahrtswegen, um Han-
delspartnerschaften und vieles mehr.
    Über die Jahrhunderte marschierten
europäische Staaten in so gut wie alle
Länder der Welt ein. Unsere Karte mar-
kiert alle Gebiete, die irgendwann direkt

Die Antarktis ist bisher
knapp der Kolonialherrschaft
entkommen.

oder indirekt europäische Kolonien waren, schwarz. Gelb bezeichnet unabhängige Gebiete, gelb-schwarz schraffiert sind jene, die trotz formaler Unabhängigkeit von Europa kontrolliert wurden. In der Geschichte waren die Gebiete jedoch nicht alle zur selben Zeit besetzt. Der Kolonialismus endete nach dem Zweiten Weltkrieg, vor allem in den 1960er-Jahren erhielten viele Länder die Unabhängigkeit. Einige ehemalige Kolonien gehören aber weiterhin zu europäischen Staaten. Deshalb zählen Inseln, die zum Teil viele Tausend Kilometer von Europa entfernt sind, zur Europäischen Union. Wir zeigen sie auf der Karte eingekreist.

WO FÄNGT EUROPA AN, WO HÖRT ES AUF? 6

Willkürliche Grenzen, Dauerstreit um den Osten

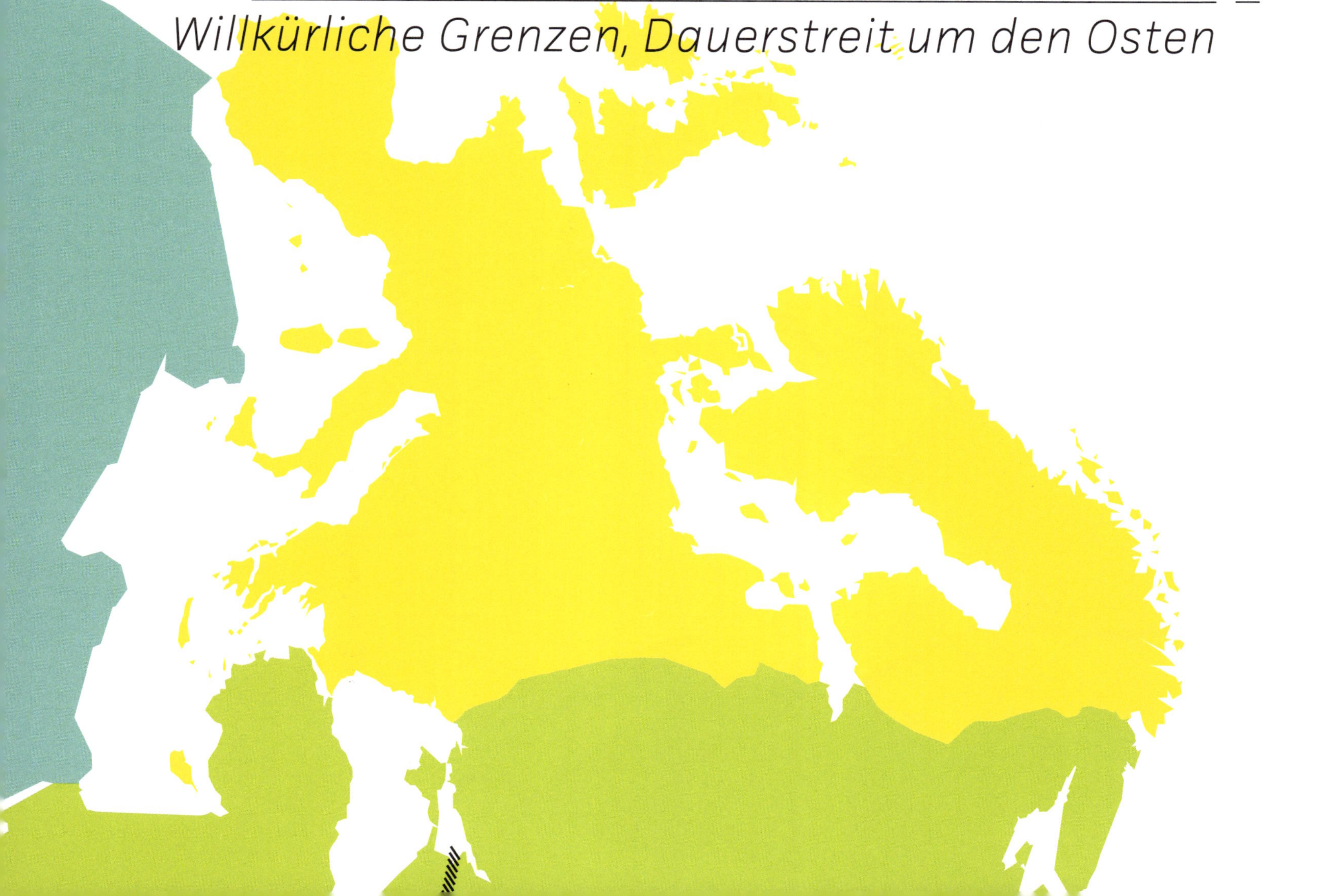

Diese Frage können selbst Geografen nicht eindeutig beantworten. Die Platten der Erdhülle helfen nicht weiter. Wer sich auf sie beruft, definiert Europa vielleicht als Halbinsel der eurasischen Platte. Als eigenständiger Erdteil aber ist Europa ein recht variables Konstrukt – das über die Jahrhunderte dauernd neu abgesteckt wurde. In der Antike galt ein Kontinent als allseits von Wasser umgeben, später führten Geografen für den Osten Europas hier eine Ausnahme ein. Über die Definition der Ostgrenze aber wurde jahrhundertelang heftig gestritten: Mal endete Europa entlang einer Linie vom Finnischen Meerbusen zur Donaumündung, mal tief in Sibirien. Für ihre Festlegungen verquirlten Geografen Landmarken und physische Sachverhalte wie Klimadaten mit ihren Überlegungen zu Kultur, Wirtschaft oder Religion.

In unserer Karte zeigen wir die Verhandlungsmasse in 500 Jahren Europa-Definition als olivfarbene Fläche. Mittendurch läuft die Linie für die heute gängige Definition. Sie stammt im Kern von 1730, ist also fast 300 Jahre alt und entstand als Auftragswerk des russischen Zaren. Sein Ziel war es, einen Teil Russlands enger an Europa zu binden. Die Geografie war sein Mittel zum Zweck. Seine Linie hat sich weitgehend durchgesetzt und wird heute noch häufig genutzt.

Ein russischer Zar wollte mit dieser Grenze sein Reich näher an Europa binden.

Treffen sich zwei und kommen sich näher ... So fangen viele Geschichten an. Jene, von der hier die Rede sein soll, liegt 40.000 Jahre zurück und spielt irgendwo in Eurasien. Die zwei sind frühe Menschen, ein Mann und eine Frau. Er ist ein kräftiger Typ, etwas gedrungen und eher hellhäutig. Sie ist schlank, hochgewachsen und hat eine schwarze Hautfarbe. Beide sind sich fremd und kommen sich doch näher. Sie haben Sex, und ein gesundes Kind wird geboren, vielleicht auch mehrere.

Wer waren diese Menschen?

Ob die beiden sich mochten, ist nicht überliefert. Klar ist nur: Er gehörte zu den Neandertalern, einer Frühmenschenart, die damals schon seit Zehntausenden Jahren in Europa lebte. Sie dagegen gehörte zu den anatomisch modernen Menschen der Art Homo sapiens, die erst vor kürzerer Zeit aus Afrika eingewandert waren.

Woher kamen sie?

Beide Menschenarten hatten gemeinsame Vorfahren, die vor mindestens 500.000 Jahren lebten. In verschiedenen Regionen der Welt verlief die weitere Evolution dieser Frühmenschen unterschiedlich. Während in Afrika Homo sapiens entstand, bildeten sich in Europa vor rund 230.000 Jahren die Neandertaler heraus. Diese frühen Menschen, die nach dem Ort eines wichtigen Knochenfundes (1856 im Neandertal am Niederrhein) benannt sind, zogen in Gruppen umher. Sie jagten Bisons und andere Tiere und wohnten in Höhlen, deren Wände sie auch bemalten. Sie versorgten ihre Kinder gemeinsam, kümmerten sich um die Alten und fertigten Werkzeuge.

Neandertaler lebten von Portugal bis Zentralasien. Anders als heute, war der Kontinent damals fast menschenleer: Wahrscheinlich gab es von den Neandertalern immer nur wenige Tausend Frauen, Männer und Kinder. Vor etwa 40.000 Jahren dann wanderten über den Nahen Osten anatomisch moderne Menschen der Art Homo sapiens aus Afrika ein. Für einige Tausend Jahre teilten sich beide den Kontinent. Immer wieder trafen sie aufeinander, und hin und wieder zeugten sie gemeinsame Nachkommen, die sich weiter fortpflanzten.

Der Neandertaler in uns

So ein richtiges Happy End hat die steinzeitliche Geschichte aber nicht. Denn vor rund 30.000 Jahren sind die Neandertaler ausgestorben. Warum genau, ist bis heute nicht eindeutig geklärt. Klar ist: Homo sapiens überlebte als einzige Menschenart. Alle heute lebenden Menschen gehören zu ihr.

Doch viele Zehntausend Jahre später finden sich heute noch Spuren der Steinzeit-Affären in einigen von uns – in Form von DNA-Schnipseln im Erbgut. Rund ein bis drei Prozent der DNA eines Menschen mit Vorfahren aus Europa sind Neandertaler-Gene. Manche beeinflussen das Immunsystem, andere zum Beispiel die Hautfarbe oder die Behaarung am Rücken. Viele Details werden gerade erst erforscht.

Weitere frühe Menschen

Außer den Neandertalern gab es noch viele andere Frühmenschenarten, die ebenfalls ausgestorben sind. Von einer weiteren, den Denisova-Menschen (benannt nach der Denisova-Höhle in Sibirien, in der Knochen gefunden wurden), ist bekannt, dass sie parallel zu den Neandertalern in Eurasien lebte, sozusagen als Schwesterart. Denisova-Menschen waren eher östlich verbreitet und auch sie trafen ab und zu auf Neandertaler und Männer und Frauen von der Art des Homo sapiens. Auch ihre Gene finden sich noch heute im Erbgut vieler Menschen.

Der Mensch ist ein Puzzle

Anders, als es noch vor ein paar Jahrzehnten erzählt wurde, wissen wir heute: Die menschliche Entwicklung verlief nicht in einer geraden Linie, sondern auf verschlungenen Wegen voller Abzweigungen. Was wir heute sind, gleicht einem Puzzle aus unendlich vielen Teilen. Migration gehörte von Anfang an zur Evolution dazu. Schon seit Urzeiten wanderten Menschen durch die Welt. So etwas wie „den europäischen Menschen" gibt es nicht.

Ob ich auch Neandertalerspuren in mir habe?

Fläche der Kontinente & ihre Bevölkerung

ASIEN
44.000.000 km²
4.540.000.000 Menschen

AFRIKA
30.000.000 km²
1.260.000.000 Menschen

NORD- & MITTELAMERIKA
24.000.000 km²
582.000.000 Menschen

SÜDAMERIKA
18.000.000 km²
424.000.000 Menschen

EUROPA
10.000.000 km²
700.000.000 Menschen

AUSTRALIEN & OZEANIEN
8.000.000 km²
41.000.000 Menschen

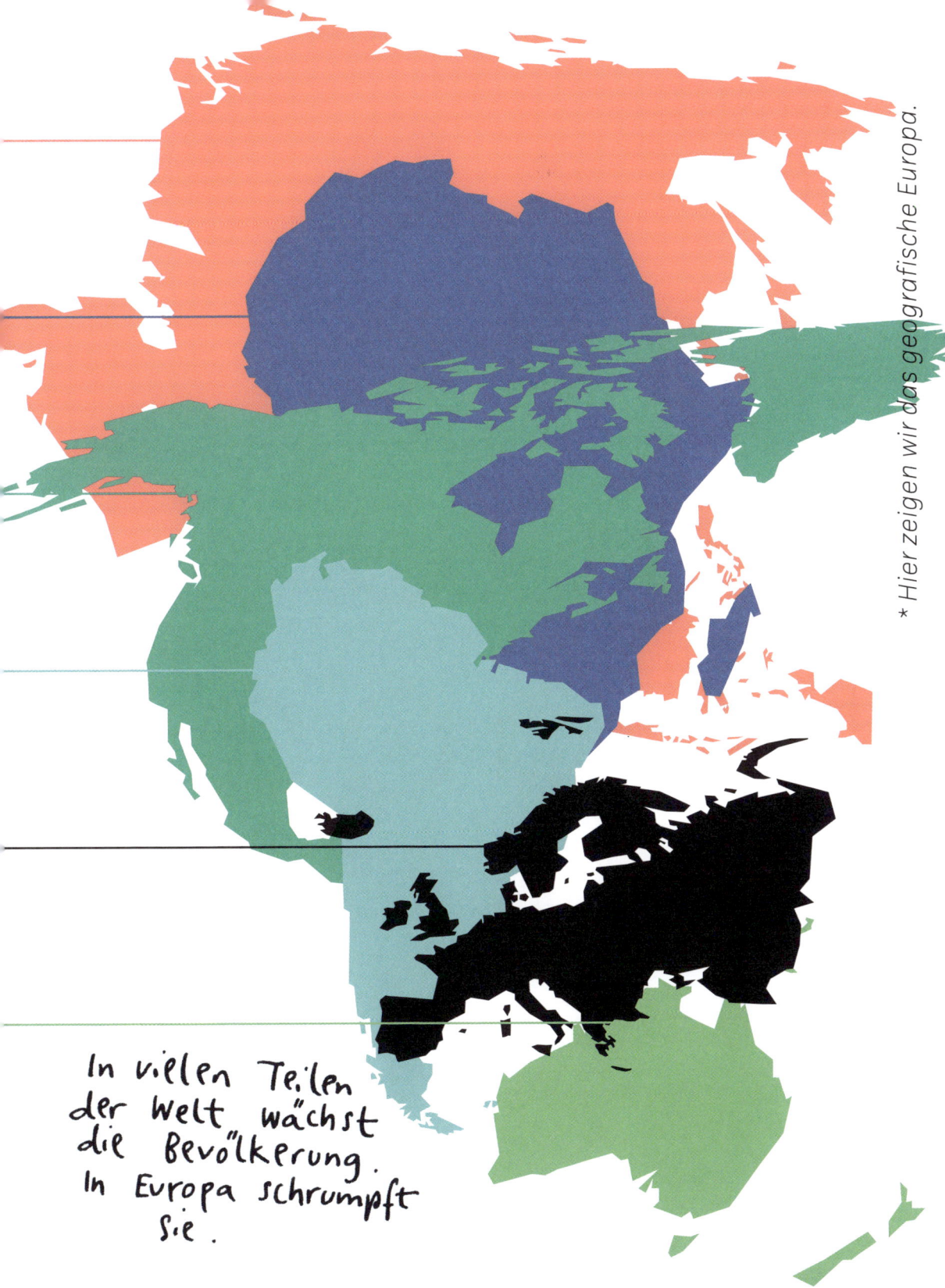

In vielen Teilen der Welt wächst die Bevölkerung. In Europa schrumpft sie.

*Hier zeigen wir das geografische Europa.

Die Flaggen der Staaten nach Farben geordnet

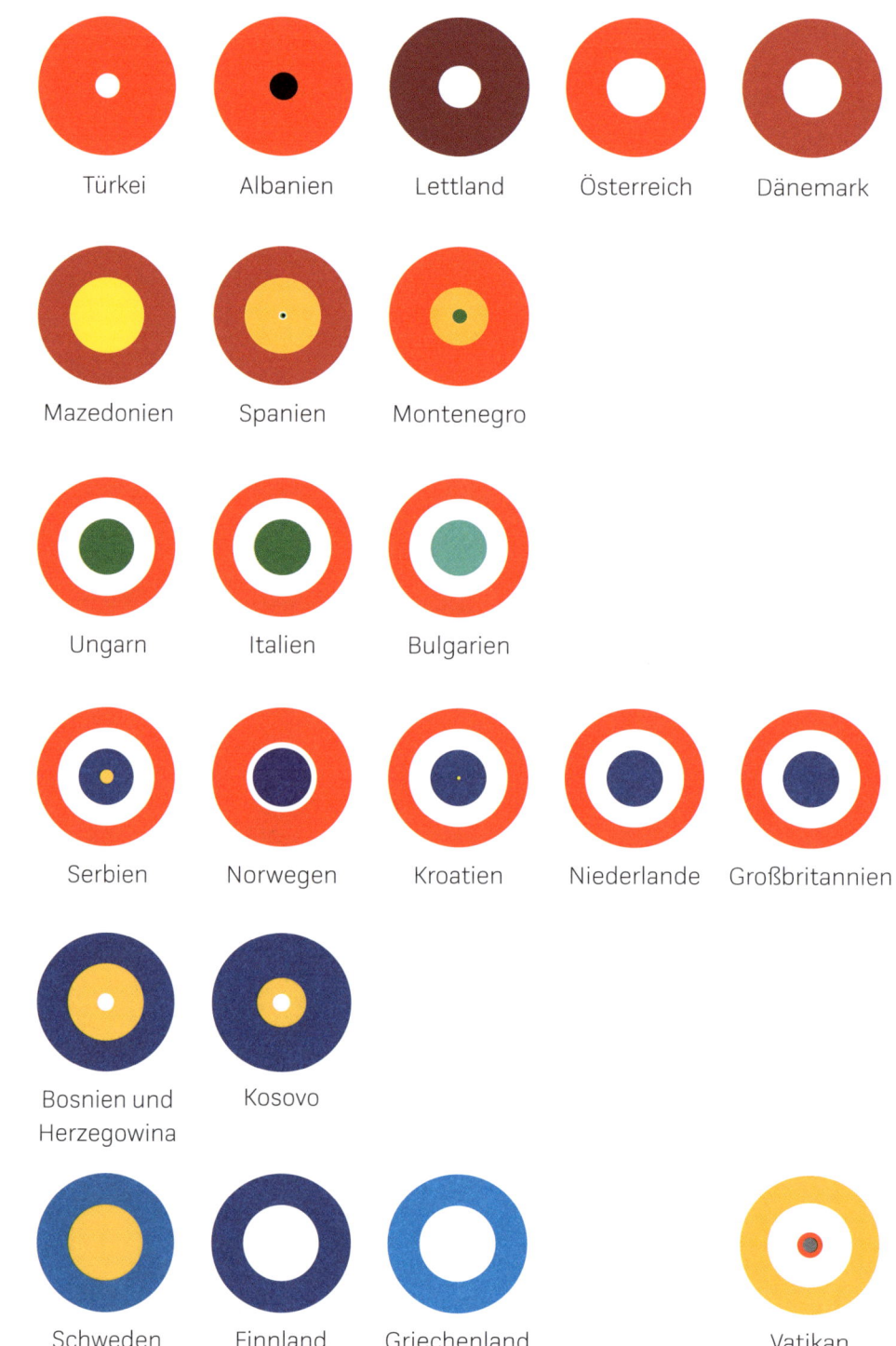

Schweiz Malta Polen Monaco

Rumänien Andorra Litauen Deutschland Belgien

Liechtenstein Portugal

Rot ist eine Signalfarbe.

Frankreich Luxemburg Slowakei Slowenien Tschechien Island

San Marino Estland Zypern Irland

Achtung, Gedankenexperiment! Wir sortieren Europas Länder mal nicht wie so oft nach politischen Bünden, Sprachfamilien oder geografischen Beziehungen. Sondern nach Farben in ihren Flaggen, allerdings ohne die Farbabfolge in den Flaggen einzuhalten. So ergeben sich ganz neue Gruppen und unerwartete Nachbarschaften. Einige Farben sind sehr häufig, aber wofür sie in den jeweiligen Flaggen stehen, ist höchst unterschiedlich – und meist historisch komplex entstanden. Blau etwa kann für Wasser stehen, aber seinen Ursprung auch im Militär oder alten Königswappen haben.

Ein Rätsel: Länder mit Einwohnerzahlen

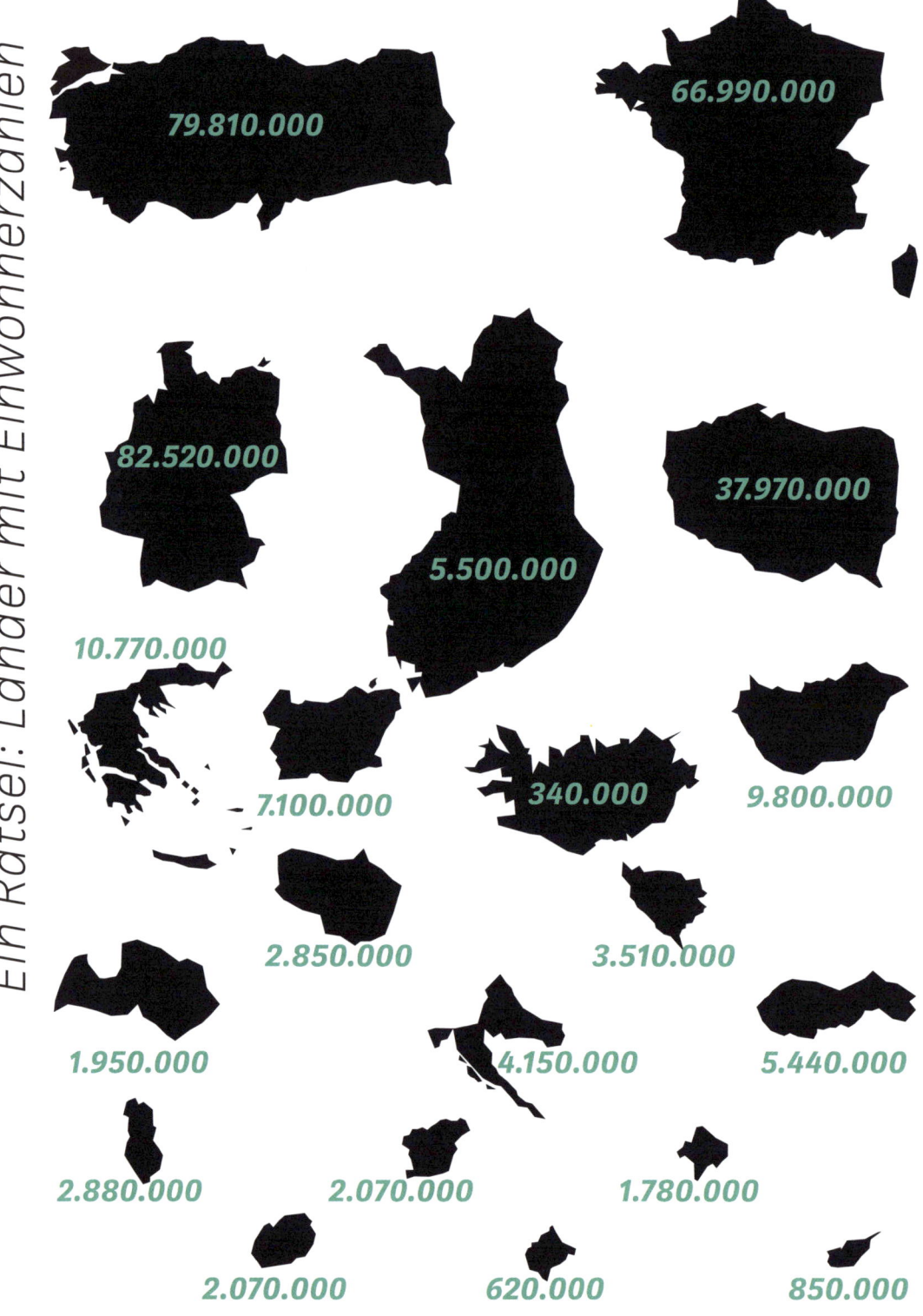

Auflösung nächste Seite

46.530.000

10.000.000

5.260.000

60.590.000

19.640.000

65.810.000

10.310.000

8.770.000

4.780.000

7.040.000

10.580.000

1.320.000

17.080.000

11.350.000

5.750.000

8.420.000

77.000

590.000

30.000

1.000

40.000

460.000

40.000

TÜRKEI
TR—Ankara

FRANKREICH
F—Paris

DEUTSCHLAND
D—Berlin

POLEN
PL—Warschau

FINNLAND
FIN—Helsinki

GRIECHENLAND
GR—Athen

UNGARN
H—Budapest

BULGARIEN
BG—Sofia

ISLAND
IS—Reykjavík

BOSNIEN UND HERZEGOWINA
BIH—Sarajevo

LITAUEN
LT—Vilnius

LETTLAND
LV—Riga

KROATIEN
HR—Zagreb

SLOWAKEI
SK—Bratislava

ALBANIEN
AL—Tirana

SLOWENIEN
SLO—Ljubljana

KOSOVO
RKS—Priština

MAZEDONIEN
MK—Skopje

MONTENEGRO
MNE—Podgorica

ZYPERN
CY—Nikosia

SCHWEDEN
S—Stockholm

SPANIEN
E—Madrid

NORWEGEN
N—Oslo

RUMÄNIEN
RO—Bukarest

ITALIEN
I—Rom

GROSSBRITANNIEN
GB—London

IRLAND
IRL—Dublin

PORTUGAL
P—Lissabon

ÖSTERREICH
A—Wien

TSCHECHIEN
CZ—Prag

SERBIEN
SRB—Belgrad

BELGIEN
B—Brüssel

ESTLAND
EST—Tallinn

NIEDERLANDE
NL—Amsterdam

DÄNEMARK
DK—Kopenhagen

SCHWEIZ
CH—Bern

LUXEMBURG
L—Luxemburg

SAN MARINO
RSM—San Marino

VATIKAN
V—Vatikanstadt

ANDORRA
AND—Andorra la Vella

LIECHTENSTEIN
FL—Vaduz

MALTA
M—Valletta

MONACO
MC—Monaco

Sonnenstunden pro Tag im Jahresdurchschnitt

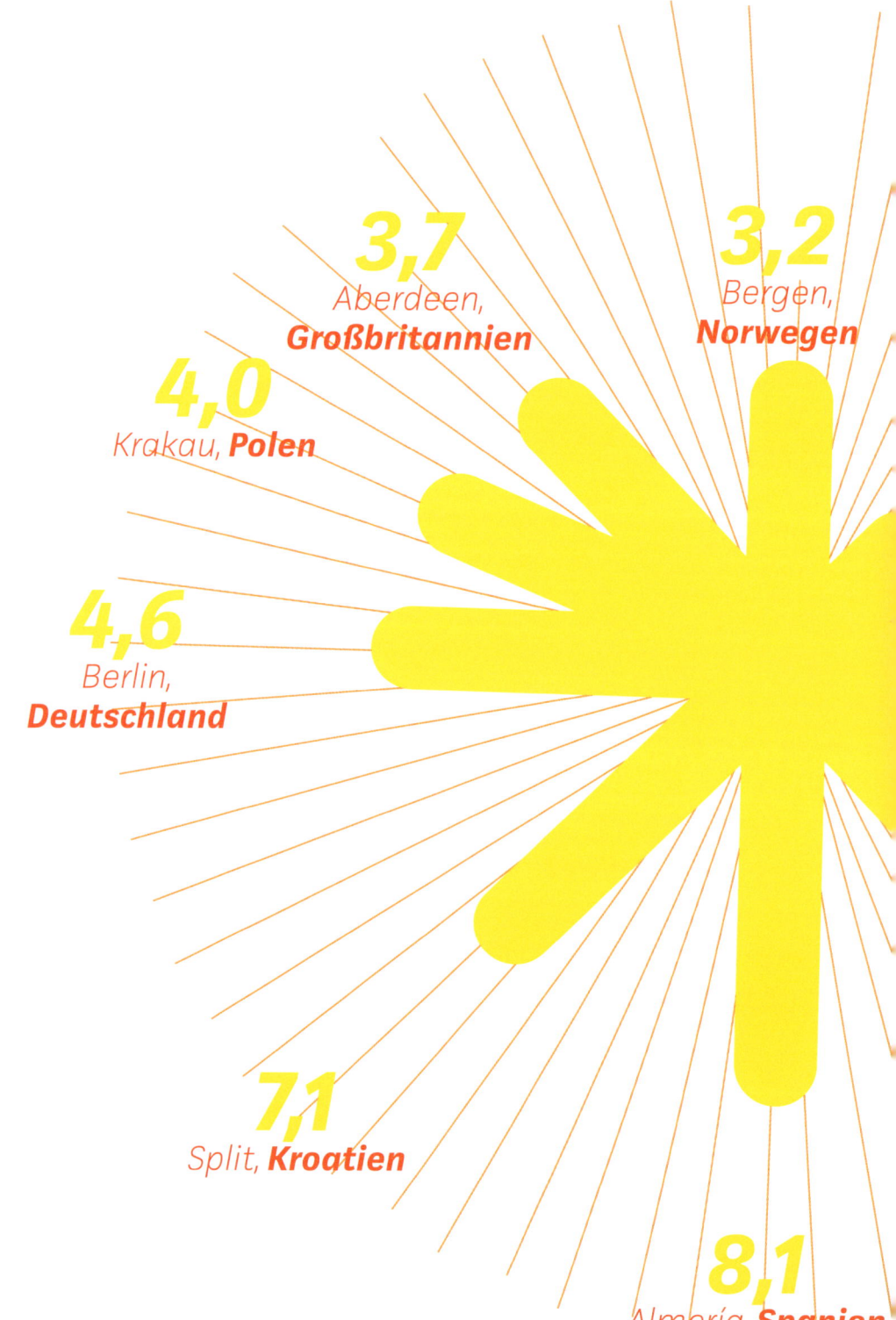

3,7
Aberdeen,
Großbritannien

3,2
Bergen,
Norwegen

4,0
Krakau, **Polen**

4,6
Berlin,
Deutschland

7,1
Split, **Kroatien**

8,1
Almería, **Spanien**

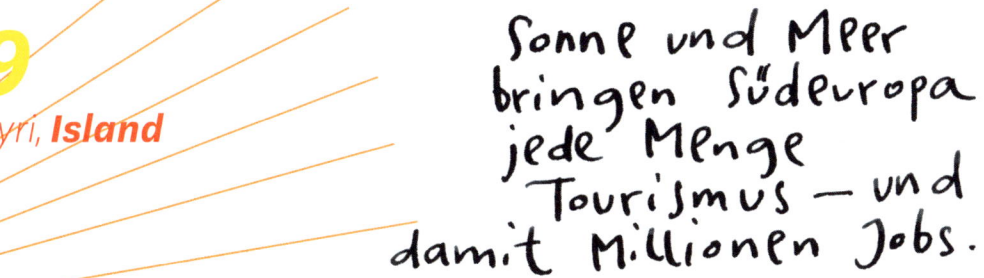

2,9
Akureyri, **Island**

Sonne und Meer bringen Südeuropa jede Menge Tourismus — und damit Millionen Jobs.

9,1
Paphos, **Zypern**

8,4
Antalya, **Türkei**

8,3
Faro, **Portugal**

Ich packe meinen Koffer und nehme mit...

Auslandserfahrung

26 % der 15- bis 30-Jährigen waren schon einmal eine Weile im Ausland, etwa zum Studieren, für ein Austauschjahr in der Schule oder eine Ausbildung. Die Nase vorn haben die Luxemburger: Dort haben sechs von zehn jungen Leuten Auslandserfahrungen gemacht. In Lettland und Zypern sind es vier von zehn, in Deutschland nur zwei bis drei.

Sprachen

80 % der 15- bis 30-Jährigen können mehr als eine Sprache, die meisten davon beherrschen zwei Sprachen. Ein Viertel der jungen Leute spricht und schreibt drei Sprachen, jeder Zehnte kann sogar mehr als drei. Spitzenreiter ist Luxemburg, wo sieben von zehn Jugendlichen mehr als drei Sprachen sprechen. Schlusslicht ist Großbritannien: Hier beherrschen 68 % der jungen Leute nur eine Sprache.

Sport

62 % der 15- bis 24-Jährigen machen regelmäßig Sport (Männer: 71 %, Frauen: 53 %). Gut die Hälfte von ihnen fährt außerdem häufig Rad oder bewegt sich beim Gärtnern oder Tanzen.

Freundschaften

Die meisten 16- bis 24-Jährigen treffen ihre Freunde täglich oder zumindest jede Woche. Spitzenreiter sind die Jugendlichen in Griechenland, Zypern und Kroatien. Hier sehen mehr als 70 % ihre Freunde täglich.

Reisen

73 % der 15- bis 24-Jährigen fahren mindestens einmal im Jahr für mehr als vier Nächte am Stück weg. Reisen, die zwei Wochen oder länger dauern, unternehmen 45 %. Dabei reist mehr als die Hälfte der jungen Menschen in ein anderes Land der EU.

Die Idee vom Zugticket für alle

Legende:

- **längste durchgängige** Strecke|ca. 1.200 km|18:48 h
- **zweitlängste durchgängige** Strecke|ca. 1.100 km|13:31 h
- **die Strecke führt durch den Gotthard-Basistunnel, mit** 57 km der längste Eisenbahntunnel der Welt|ca. 500 km| 6:19 h
- **eine der schönsten Zugstrecken der Welt, 55 Tunnel,** 196 Brücken|ca. 120 km| ab 4:02 h
- **schnellster Zug mit bis zu** 400 km/h|ca. 500 km|2:55 h
- **die Strecke des ehemaligen** Orient-Express|ca. 3.000 km| mehrere Tage

Narvik
Kiruna
Umeå
Uppsala
Stockholm

Hamburg
Dresden
Prag

London
München
Zagreb

Paris

Zürich
Chur
Tirano
Mailand
Venedig

Montpellier
Marseille
Cannes
Nizza
Monte-Carlo
Savona
Genua
Pisa
Livorno

Barcelona
Bologna
Rom

Valencia

Wenig CO₂-Ausstoß, viele spannende Begegnungen.

🔵 immer am Mittelmeer entlang, mehrfach umsteigen | ca. 1.300 km | ab 27:37 h

🟢 ca. 1.800 km | 26:00 h

🔴 3 x umsteigen – über die finnisch-russische Grenze und dann weiter bis nach Wien | ca. 2.400 km | 46:00 h

🟡 zweitschnellster Zug mit durchschnittlich 350 km/h | ca. 1.000 km | 6:30 h

Wie wäre es, wenn jeder junge Mensch in Europa den Kontinent kostenlos per Zug erkunden könnte? Mit einem Freiticket einen Monat lang ein- und aussteigen, wo man will, um Orte und Menschen kennenzulernen? Mit ihrer Aktion #FreeInterrail setzen sich zwei junge Deutsche dafür ein, dass die EU all ihren Bürgerinnen und Bürgern zum 18. Geburtstag ein sogenanntes Interrail-Ticket schenkt. Im Sommer 2018 startete die EU tatsächlich einen ersten Test und verloste rund 15.000 Fahrscheine. Weitere sollen folgen. Wer weiß, vielleicht gibt es das Freiticket ja wirklich bald für alle.

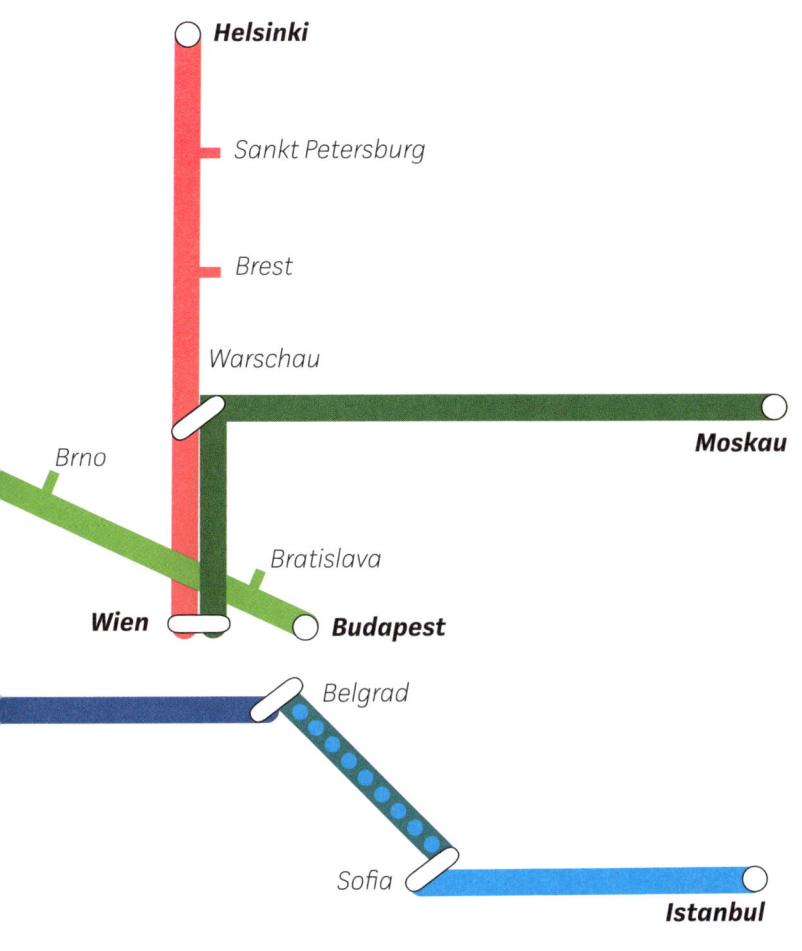

- Helsinki
- Sankt Petersburg
- Brest
- Warschau
- Moskau
- Brno
- Bratislava
- Wien
- Budapest
- Belgrad
- Sofia
- Istanbul

Alle Streckenlängen sind stark gerundet.

WER LERNT WELCHE SPRACHEN? 15

Reale & gewünschte Kenntnisse

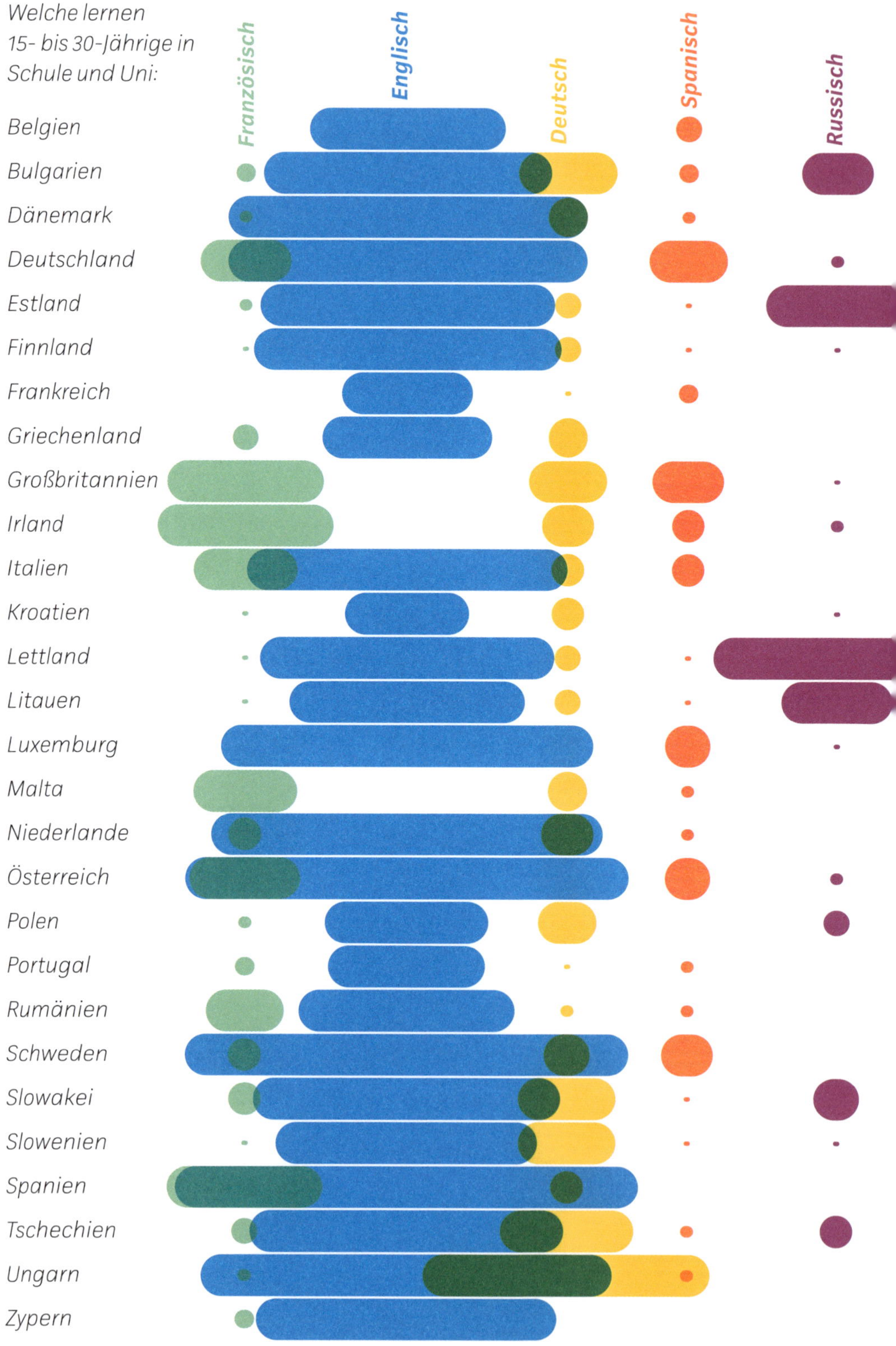

Welche lernen 15- bis 30-Jährige in Schule und Uni:
Französisch
Englisch
Deutsch
Spanisch
Russisch
Belgien
Bulgarien
Dänemark
Deutschland
Estland
Finnland
Frankreich
Griechenland
Großbritannien
Irland
Italien
Kroatien
Lettland
Litauen
Luxemburg
Malta
Niederlande
Österreich
Polen
Portugal
Rumänien
Schweden
Slowakei
Slowenien
Spanien
Tschechien
Ungarn
Zypern

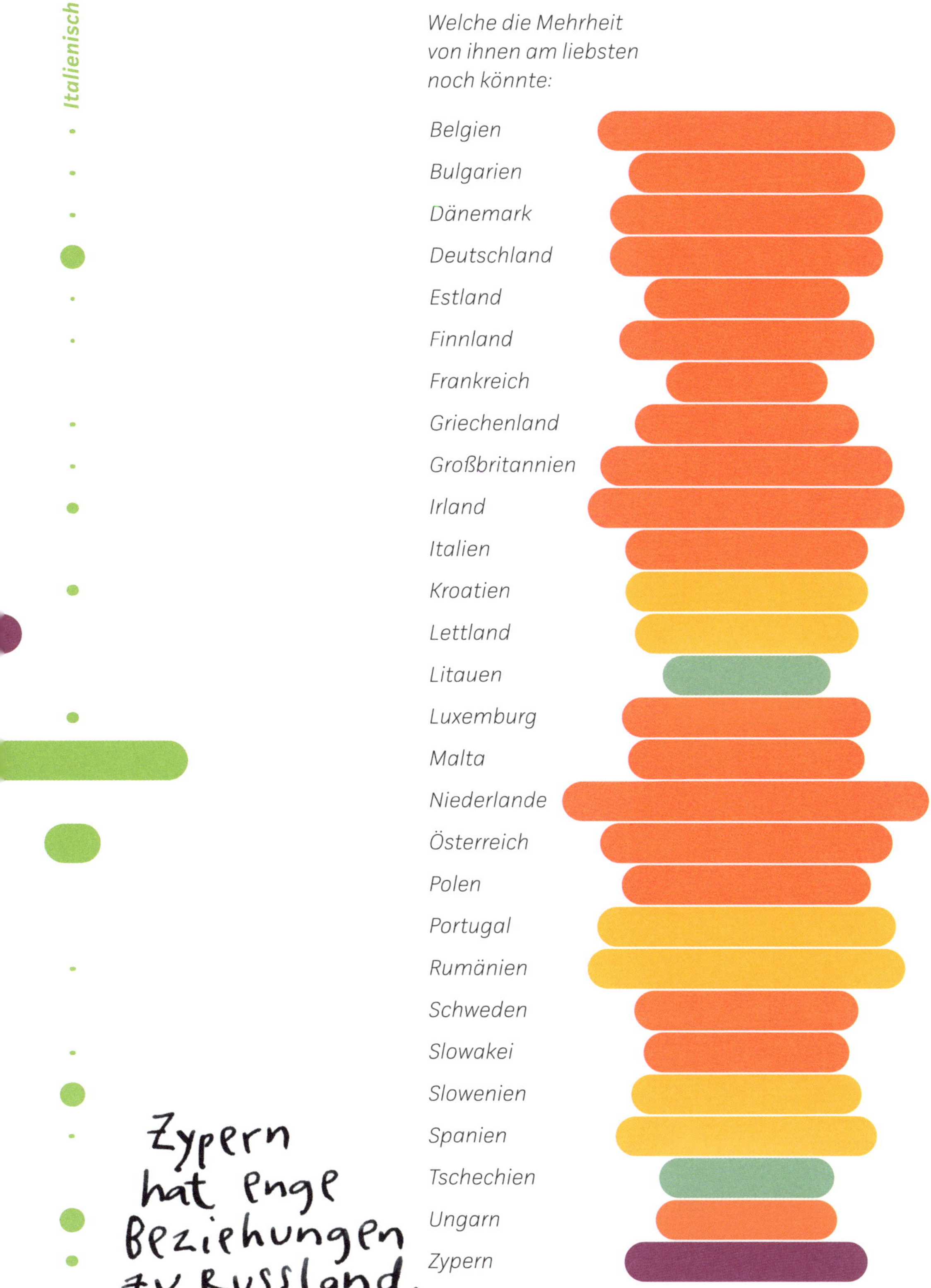

*Welche die Mehrheit
von ihnen am liebsten
noch könnte:*

Belgien

Bulgarien

Dänemark

Deutschland

Estland

Finnland

Frankreich

Griechenland

Großbritannien

Irland

Italien

Kroatien

Lettland

Litauen

Luxemburg

Malta

Niederlande

Österreich

Polen

Portugal

Rumänien

Schweden

Slowakei

Slowenien

Spanien

Tschechien

Ungarn

Zypern

Zypern hat enge Beziehungen zu Russland.

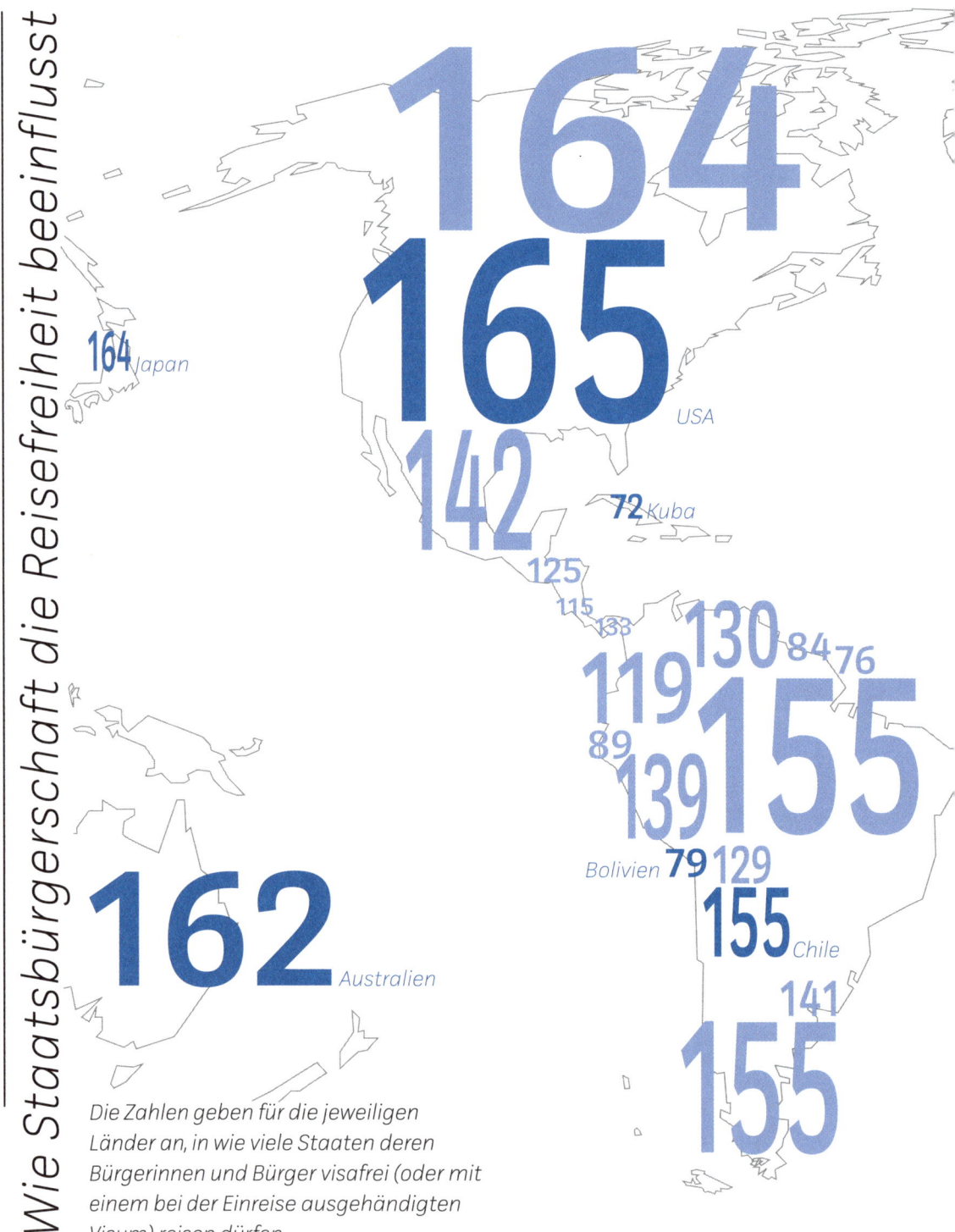

Wie Staatsbürgerschaft die Reisefreiheit beeinflusst

164 Japan

164

165
USA

142

72 Kuba

125
115
133

130 84 76

119
89
139

155

162
Australien

Bolivien 79 129

155
Chile

141

155

Die Zahlen geben für die jeweiligen
Länder an, in wie viele Staaten deren
Bürgerinnen und Bürger visafrei (oder mit
einem bei der Einreise ausgehändigten
Visum) reisen dürfen.

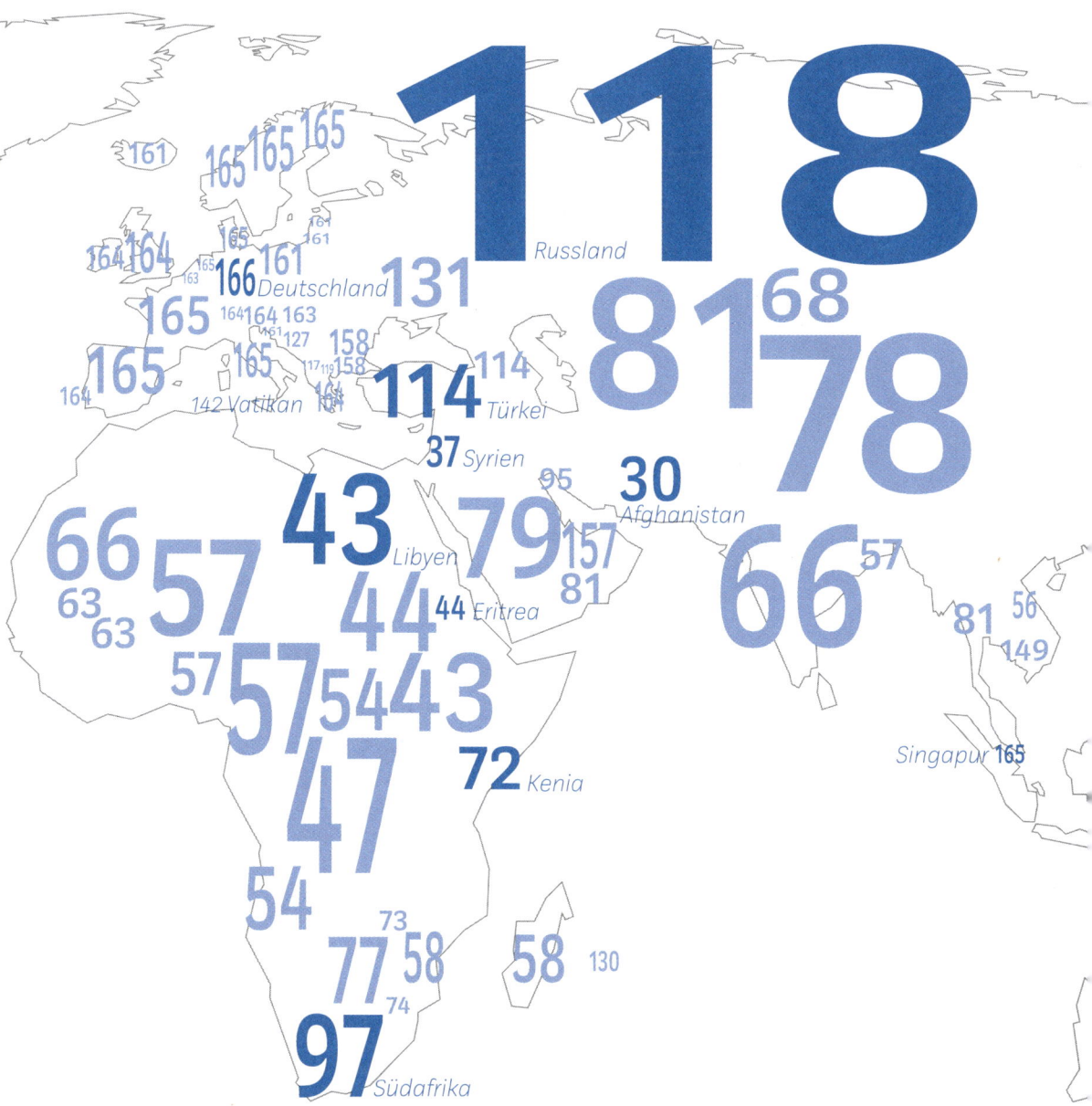

Nur den Pass vorzeigen und schwupp-diwupp öffnet sich die Grenze zu einem anderen Land: So fühlt sich Reisen wirklich nach Freiheit an. Menschen aus europäischen Staaten können dieses Gefühl mit am meisten genießen. Das liegt auch am Schengenraum, zu dem sich ein Großteil der Länder Europas zusammengetan hat. In ihm dürfen deren Bürgerinnen und Bürger visafrei Grenzen überqueren. Wer von außen kommt, braucht dagegen ein Visum. Es wird von einem Land erteilt – und gilt dann für den ganzen Schengenraum.

Als Europa ein Kontinent der Auswanderung war

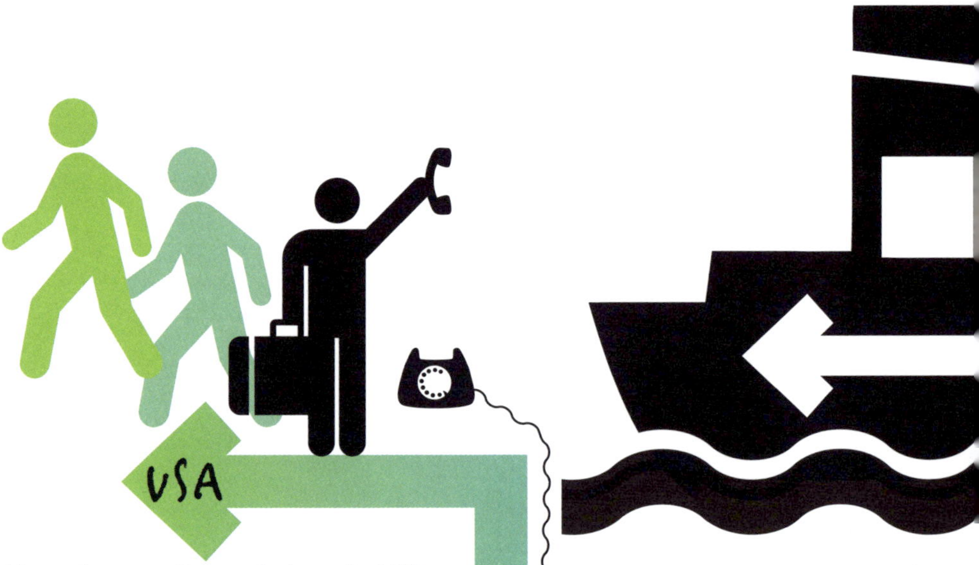

USA

Menschen aus Europa haben die USA geprägt. Besonders viele kamen in der Zeit von 1815 bis 1930. Damals brummte in den USA die Wirtschaft, Arbeitskräfte wurden gesucht und gut bezahlt. Es gab Land zur Genüge und politisch viele Freiheiten.

Heute wissen viele Amerikanerinnen und Amerikaner recht genau, mit welchen europäischen Ländern sie über ihre Vorfahren verbunden sind. So hat US-Präsident Donald Trump deutsche Vorfahren, ein Teil der entfernten Familie von Lady Gaga lebt in Italien und Schauspielerin Angelina Jolie hat Wurzeln in der Slowakei. Die Liste ließe sich ewig fortsetzen.

Nichts wie weg aus Europa!

1880—1930
4.000.000
ZURÜCK

1815—1930
55—60.000.000
EUROPÄER

EUROPA

„Jetzt ist die Zeit und Stunde da, wir ziehen nach Amerika", heißt es in einem Auswandererlied. In Briefen und seit dem späten 19. Jahrhundert auch per Telegramm oder durchs Telefon erzählten früher Ausgewanderte ihren Bekannten und Verwandten in Europa von den USA. Viele halfen anderen, nachzukommen. Ab 1840 erleichterte die aufkommende Dampfschifffahrt die Reise. Bald entdeckten die Reedereien Auswanderung sogar als Geschäft: Sie warben gezielt für die Auswanderung und ließen eigene Agenten in den USA neue Regionen für Einwandernde auskundschaften.

In Europa gab es für die Menschen vor 200 Jahren viele Gründe wegzugehen: Starkes Bevölkerungswachstum ließ zum Beispiel in Deutschland die Arbeit knapp werden. Weite Teile der Bevölkerung litten unter Armut. In Irland verhungerten nach Missernten mehr als eine Million Menschen. Zunehmender Judenhass und politische Verfolgungen machten vielen das Leben schwer. In dieser Zeit packten Millionen Männer und Frauen ihre Koffer, kauften ein Ticket für ein Dampfschiff und wanderten nach Amerika aus, die meisten in die USA. Dabei war Migration nie eine Einbahnstraße: Immer gingen Menschen auch wieder zurück oder mehrfach hin und her.

Die Zeit der großen Arbeiter-Anwerbung

Spanier

FRANKREIC
LUXEMB
BELGIEN
NIEDERLAN
SCHWEIZ
SCHWEDEN
DEUTSCHLA
ÖS TERRE
ICH

Portugiesen

Griechen

Viele, die im Ausland arbeiten, schicken regelmäßig Geld nach Hause.

* Das Land Jugoslawien gibt es heute nicht mehr. Es zerfiel in den 90er-Jahren in heute sieben Nachfolgestaaten.

HURD

GE

Türken

Jugoslawen*

ND

Italiener

Nach dem Zweiten Weltkrieg entbrannte in Europa ein Wettstreit um Arbeitskräfte. Weil die wachsenden Wirtschaften westlicher Länder immer mehr Personal benötigten, warben deren Regierungen Hunderttausende junge Menschen aus südlichen Ländern an. Bis in die 70er-Jahre buhlten sie darum, mit Staaten, die gern einen Teil ihrer Arbeitslosen für eine Weile ins Ausland schickten, Anwerbeverträge für Gastarbeiter zu schließen. Mit diesen gingen die Länder unterschiedlich um: Schweden gab seinen Gastarbeitern von vornherein die Möglichkeit, für immer zu bleiben. Die Schweiz, Österreich und Deutschland wollten die Wege der Menschen bestimmen – und eine dauerhafte Einwanderung und den Nachzug der Familien vermeiden.

Das Puzzle unserer Identitäten

Wer bin ich, wer bist du? Diese Fragen sind, wenn man sie ernst nimmt, extrem persönlich. Und eigentlich kann niemand sie für einen anderen Menschen beantworten – auch wenn wir es ständig doch tun, um uns zum Beispiel über Zugehörigkeiten zu Gruppen klar zu werden. Weil das so ist, wollen wir konsequent sein und werden auf dieser Seite genau das: sehr persönlich. Susan Schädlich, die Autorin des Buchs, erzählt von ihren Erfahrungen mit dem großen Begriff der Identität. Und warum sie überzeugt ist, dass wir alle multiple Identitäten in uns tragen.

„Bloody German!"

Ich war 16, als mir ein Typ im Vorbeigehen diese Pöbelei an den Kopf warf. Es war im Flur einer britischen Schule, auf die ich damals für ein halbes Jahr ging.

German? Das war schon richtig. Ich hatte einen deutschen Pass. Aber ein Satz wie „Ich bin Deutsche" ging mir damals nur schwer über die Lippen. Ich sagte eher: „Ich komme aus Berlin." Mit dem Deutschsein tat ich mich schwer – auch weil dieses Land, in dem ich zu Hause war, damals für mich noch ziemlich neu und ungewohnt war. Ich war in der DDR aufgewachsen, in jenem Staat, der nach dem Zweiten Weltkrieg im Osten Deutschlands entstanden war. Und in dem, um es sehr kurz zu sagen, vieles komplett anders gelaufen war als in der Bundesrepublik im Westen. 1990 vereinigten sich die beiden deutschen Staaten. Das krempelte mein Leben um. Und ich brauchte ein paar Jahre, um mich in dem neuen, vereinten Deutschland einzuleben und es als mein Land zu sehen.

Ich war damals zum ersten Mal länger allein im Ausland, und für alle war ich immer sofort „die Deutsche" – und je nach Vorurteilen, die bei den verschiedenen Menschen damit einhergingen, wahlweise Nazi, ordentlich und pünktlich oder humorlos.

„Ah, aus der DDR"

Ein paar Jahre später radelte ich einige Wochen durchs Baltikum. Die drei Länder Litauen, Lettland und Estland hatten vor der Zeit der großen Umbrüche in Osteuropa zur Sowjetunion gehört, weshalb die Menschen dort Russisch verstanden und sprechen konnten. Und weil ich das in der Schule gelernt hatte, kam ich mit vielen ins Gespräch. Auf die Frage, woher ich käme, antwortete ich inzwischen gelassen, ich sei Deutsche. Was regelmäßig die Frage nach sich zog: „Ost oder West?" Auf meine Antwort „Ost" hin passierte es häufig, dass die Menschen lächelten und feststellten: „Du bist aus der DDR, gut." Ich glaube, sie empfanden eine Art Verbundenheit. Ich fühlte mich komisch. Denn ich hatte zu der Zeit schon genauso lange im vereinten Deutschland gelebt wie vorher in der DDR.

Noch drei Jahre weiter war ich Mitte 20 und versuchte, in meinem ersten Job in Düsseldorf eine gute Arbeit zu machen. Irgendwann wurde meinem Chef klar, dass ich in der DDR geboren war, und er sagte: „Ach, du bist Ossi? Das merkt man dir gar nicht an." Es war wohl irgendwie als Lob gemeint. Aber es hat sich ganz anders angefühlt.

Warum erzähle ich das alles?

Ich erzähle das, weil solche Schubladen ständig aufgezogen werden und manchmal so getan wird, als wäre Nationalität die wichtigste Eigenschaft eines Menschen. Dabei sieht man doch schon an diesem Beispiel, dass das nicht immer ganz so einfach ist. Und wer heute in größeren Städten in die Schule geht, merkt schnell, dass es oft sogar noch viel komplizierter ist.

Wenn ich Jugendliche an Schulen in Frankfurt am Main treffe, kommt es vor, dass sie mir ihre Klasse vorstellen und halb im Witz und halb ernst gemeint sagen: „Er ist Pakistani, sie ist Türkin und die zwei sind Polen." Selbst wenn das gar nicht stimmt, weil alle die deutsche Staatsbürgerschaft haben!

Fragt man „die Polen" oder „die Türkin", was sie selbst dazu sagen, erzählen sie von ihrem deutschen Pass und den Großeltern, die irgendwann eingewandert sind. Von Urlauben in diesen Ländern, den Sprachen, die sie sprechen, oder Musik, die sie lieben. Und dann sagt der Pakistani grinsend und im Dialekt: „Isch bin ein Frankfurter Bubb."

Wer jemand ist und wie er oder sie sich sieht – dahinter kommt man nur, wenn man den Menschen selbst fragt. Und dann tatsächlich zuhört. Es spielen gegebene Dinge hinein wie die Nationalität, der Wohnort und das Alter. Und es geht um Fragen, die jeder nur für sich beantworten kann. Etwa, wen oder wie man liebt, wo man sich zu Hause fühlt, ob oder woran man glaubt, zu welcher Gruppe man gehört oder wie man sich selbst inszeniert. All das ist veränderlich und es passt schwerlich in Schubladen.

Gibt es eine europäische Identität?

Mir persönlich ist inzwischen bewusst, wie besonders es ist, EU-Bürgerin zu sein. Und ich empfinde auch das als Teil meiner Identität. Damit bin ich nicht allein: In Umfragen sagen 70 % der Menschen aus der EU: „Ja, ich fühle mich als Europäerin oder Europäer." In Luxemburg, Irland, Deutschland, Portugal, Malta und Spanien sind es sogar mehr als 80 %. Die Menschen in Griechenland, Bulgarien, Italien, Großbritannien und Tschechien sind eher skeptisch, dort stimmen weniger als 60 % zu.

Über die Frage nach der europäischen Identität wird aber hin und wieder auch gestritten. Und dann geht es meist darum, ob die europäische Identität auf Kosten der nationalen Identität geht. Doch wieso soll es nicht beide nebeneinander geben können? Man kann sich ja auch gleichzeitig als Bewohnerin seiner Stadt und seines Landes fühlen.

Kalter Krieg kompakt

Wenn in Venedigs Kanälen U-Boote ankern und mitten in Rom Raketenabschussrampen stehen ... So ähnlich sang es die Band Geier Sturzflug in den 80er-Jahren. Der Refrain des Liedes lautete: „Besuchen Sie Europa – solange es noch steht." Das klang lustig, hatte aber einen sehr ernsten Hintergrund. Die Angst vor einem Krieg saß damals vielen Menschen im Nacken. Denn in Europa standen sich zwei verfeindete Großmächte mit ihren Verbündeten und einem enormen Waffenarsenal gegenüber. Beide richteten ihre Raketen auch demonstrativ auf die Gegenseite.

Die Großmächte waren die USA und die Sowjetunion. Diesen Staat gibt es heute nicht mehr, er ist 1990/91 in Russland und 14 weitere Republiken zerfallen. Die USA führten ein Lager westlicher Staaten an, samt dem großen Verteidigungsbündnis NATO. Auf der anderen Seite standen die östlichen Länder unter Führung der Sowjetunion, von denen einige ebenfalls einen Militärbund geschmiedet hatten.

Die Linie, an der beide direkt aufeinandertrafen, verlief seit dem Ende des Zweiten Weltkriegs mitten durch Deutschland – und teilte das Land in zwei Staaten. Im Westen lag die Bundesrepublik Deutschland, im Osten die Deutsche Demokratische Republik. Die Grenze zwischen beiden war ab den 60er-Jahren eine der am strengsten bewachten Grenzen der Welt. Hunderte Menschen kamen dort ums Leben.

Mehr als 40 Jahre lang belauerten und bedrohten sich die Lager gegenseitig. Mehrmals schienen direkte Kämpfe kurz bevorzustehen, doch es blieb ein „Kalter Krieg". Er war erst beendet, nachdem sich die beiden deutschen Staaten 1990 wieder vereint hatten und sich die Sowjetunion 1991 auflöste.

Spuren von Kriegen & bewaffneten Konflikten seit 1918

Wie viele Generationen braucht es, um Kriegstraumata zu heilen?

1. WELTKRIEG
1914 – 1918

2. WELTKRIEG
1939 – 1945

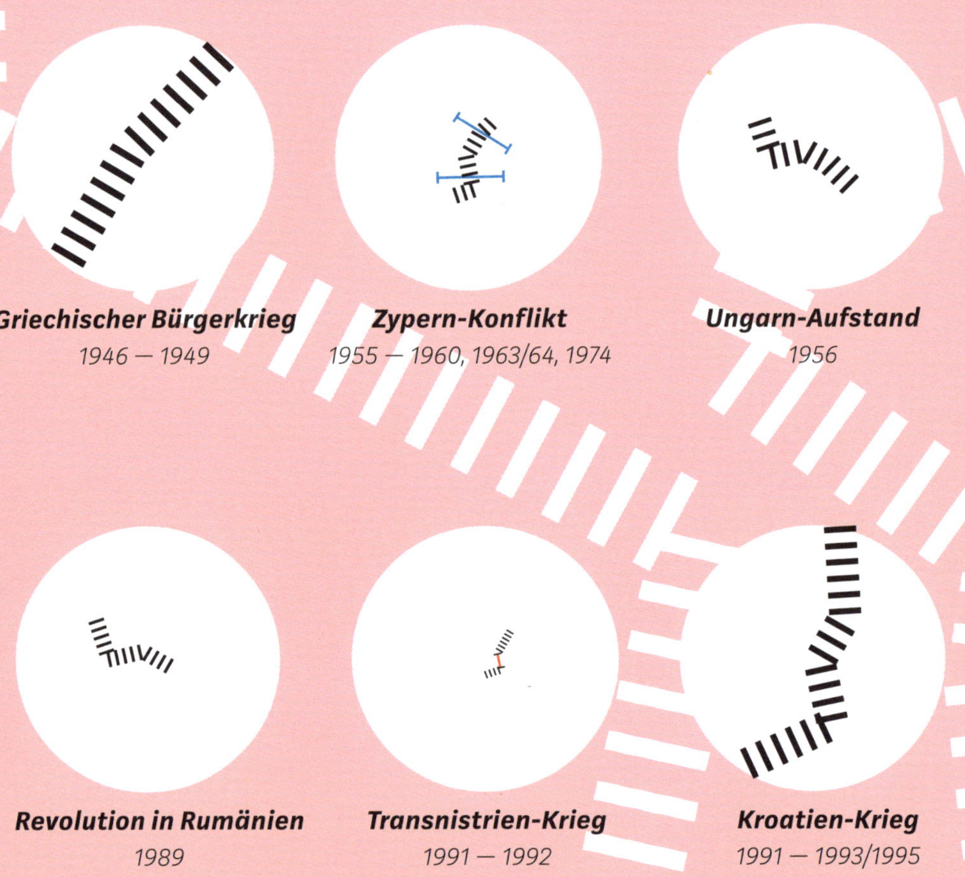

Griechischer Bürgerkrieg
1946 – 1949

Zypern-Konflikt
1955 – 1960, 1963/64, 1974

Ungarn-Aufstand
1956

Revolution in Rumänien
1989

Transnistrien-Krieg
1991 – 1992

Kroatien-Krieg
1991 – 1993/1995

Kalter Krieg
1945 — 1989

Die Größe der Narben richtet sich nach der Schwere des Konflikts, etwa nach Todeszahlen.

Narbe

offene Wunde

Wunde ist geklammert (mit Friedenstruppen)

Baskenland-Konflikt
1959 — 2011

Nordirland-Konflikt
1968 — 1998

Krieg um Kurdengebiete
ab 1984

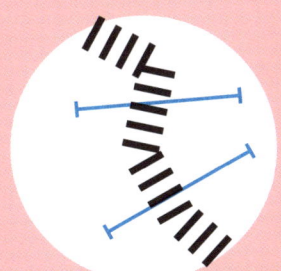

Krieg in Bosnien-Herzegowina
1992 — 1995

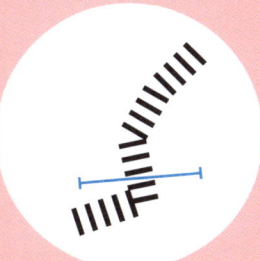

Kosovo-Krieg
1998 — 1999

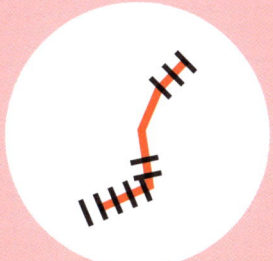

Krieg in der Ostukraine
ab 2014

Weltberühmte Symbole zeigen es

Peace-Zeichen Wurde in den 50er-Jahren von einem britischen Designer entwickelt und mit den Protesten gegen den Vietnamkrieg berühmt. Es heißt, der Designer habe die Grundform aus dem Winkeralphabet abgeleitet, mit dem sich Menschen mit Fähnchen in den Händen zum Beispiel auf See verständigen. Hält man dabei beide Arme 45 Grad vom Körper zur Seite, ist dies das Zeichen für den Buchstaben N. Einen Arm steil nach oben strecken steht für D. Und ND lautet das Kürzel für Nuclear Disarmament, also atomare Abrüstung.

Regenbogenflagge Wurde von einem italienischen Philosophen entwickelt und 1961 erstmals bei einer Friedensdemo genutzt.

Weiße Flagge Sie zeigt im Krieg Waffenstillstand an. Stammt aus der Haager Landkriegsordnung von 1907, die viele bis heute gültige Regeln im Völkerrecht und für Kriege aufstellte.

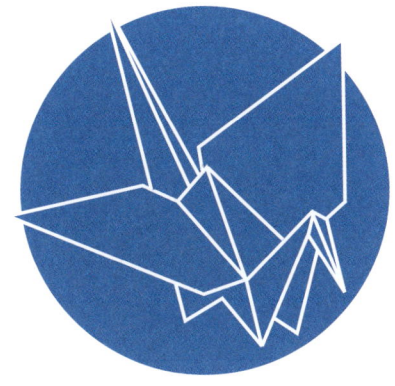

Papierkranich Im Zweiten Weltkrieg war Japan mit Deutschland, das den Krieg angezettelt hatte, verbündet. Als der Krieg in Europa schon beendet war, wurde in Asien noch gekämpft. Erst nachdem die USA Atombomben auf zwei japanische Städte geworfen hatten, gab Japan auf. Durch die Bomben starben unzählige Menschen. Einige Jahre später machte ein japanisches Mädchen den Papierkranich berühmt. Sie war als Folge der Atombomben an Blutkrebs erkrankt. Weil der Kranich in Japan als Glücksbringer gilt, wollte sie 1.000 Kraniche falten. Sie starb, aber ihre Geschichte ging um die Welt. Noch heute basteln Kinder in vielen Ländern Kraniche als Friedensfalter.

Victory-Zeichen Erfunden hat es wahrscheinlich ein belgischer Politiker während des Zweiten Weltkriegs. Er meinte: Das V der Finger solle für Victoire und Vrijheid stehen, also für Sieg und Freiheit. Richtig berühmt wurde das Zeichen, weil der britische Premier Winston Churchill es oft nutzte. Er wollte den Menschen in seinem Land im Krieg damit Mut machen.

Friedenstaube Kommt als Symbol schon in der Bibel vor. Später hat Pablo Picasso sie häufig gemalt.

Europa ist heute der friedlichste Kontinent der Welt.

Gutes Gesamtbild & drei Verschlechterungen

Alle Menschen haben die gleichen Rechte und alle respektieren das.

Die Wirtschaft wächst und gedeiht.

Die Regierung sorgt dafür, dass im Land alles gut funktioniert.

Einige Fachleute verstehen unter friedlichen Gesellschaften viel mehr als die Abwesenheit von Krieg. Sie messen zum Beispiel anhand dieser acht Kriterien, wie gut es den Menschen in einzelnen Staaten geht. Auch hierin sind viele Länder Europas Spitze. Doch in fast der Hälfte von ihnen hat sich die Lage seit 2005 verschlechtert – vor allem in den drei Bereichen, die hier aus dem Kreis gerückt sind.

Alle erhalten eine gute Ausbildung.

Der Staat hat
gute Kontakte zu
Nachbarländern.

Was heißt
eigentlich
Gesellschaft?
Jeder gehört
dazu!

Alle haben gleichen
Zugang zu Bildung
und Gesundheit.

Die Medien sind frei
und informieren die
Menschen gut.

Es gibt wenig Bestechung.

Zutaten für eine politische Strategie

„Das ist doch Populismus!" Ständig ist dieser Satz zu hören. Seit einiger Zeit werfen sich alle möglichen Seiten in Europa gegenseitig vor, populistisch zu sein oder zu handeln. Meist bleibt völlig unklar, wer was unter Populismus versteht. Der Begriff wird schwammig. Dabei lohnt es sich, die Zutaten zu kennen, die Populismus ausmachen. Dann kann man ihn sehen und durchschauen.

„Wir sind das Volk!"

„Schlechte Eliten" *Hetze gegen Institutionen, gegen die Politik und häufig auch gegen Medien. Populisten und Populistinnen geißeln diese als Eliten, die nicht mehr wüssten, was „das Volk" umtreibe, und im Zweifel alle „unter einer Decke steckten". Populistische Kritik ist oft sehr grundsätzlich: Sie prangert dann nicht konkrete Sachfragen an – sondern behauptet, das System an sich sei krank.*

Populismus kann auch was Gutes haben: Er rüttelt die Demokratie auf.

Populismus kann politisch rechts oder links sein. Es gibt ihn auf der ganzen Welt. In Europa sind populistische Parteien seit Jahren auf dem Vormarsch. Sie versprechen einfache Lösungen für komplexe Probleme in einer globalisierten Welt. Die gute Nachricht: Im besten Fall kann Streit die Demokratie aufrütteln und beleben.

„Das Volk" *Populismus kommt vom lateinischen Wort populus, Volk. Und genau das ist zentral. Populisten und Populistinnen tun so, als gäbe es eine fest umrissene Gruppe Menschen, die irgendwie alle gleich sind und zusammengehören. Sie nennen sie „Volk" oder sogar „das wahre Volk". Und sie behaupten, diese Menschen hätten einheitliche Bedürfnisse und Ziele. Diesen „Volkswillen" gelte es 1:1 umzusetzen.*

„Wir sind die Guten" *Populisten und Populistinnen leiten aus all dem her, dass sie die einzig legitimen Vertreter „des Volks" wären. Andere Meinungen werden als moralisch nicht zulässig verschrien. In dieser Logik kann es keine berechtigte Opposition geben.*

„Andere" *In der Logik gibt es Menschen, die nicht zum „Volk" dazugehören. Diese Anderen werden abgewertet und zu Sündenböcken für alles Mögliche.*

Zutaten für bunte Gesellschaften

Gleichberechtigung *Alle Menschen haben gleiche Rechte. Keiner ist besser als der andere.*

Vielfalt *Pluralismus geht davon aus, dass in Gesellschaften unterschiedliche Menschen leben – mit verschiedenen Meinungen, Interessen, Zielen. Mit unterschiedlichem Glauben, verschiedenen Kulturen und Weltanschauungen. „Andere" werden hier als legitime Stimmen in der demokratischen Debatte gesehen.*

Der Begriff kommt von Plural, Mehr-zahl. Er ist ein Leitgedanke in demokrati-schen Staaten.

Beim Pluralismus geht es nicht darum, Unterschiede einzuebnen, oder darum, dass irgendwer seine Identität oder seine Überzeugungen zurücklässt. Es geht nicht darum, dass am Ende alle, die am Tisch sitzen, einer Meinung sind. Es geht um den ehrlichen Willen, überhaupt mit am Tisch zu sitzen – und sich mit allen Anwesenden auseinander-zusetzen. Pluralismus verlangt insofern das Gegenteil von Ignoranz. Und ja: Das ist auch anstrengend.

Miteinander Pluralismus ist mehr als nebeneinanderher leben, er braucht echten Austausch: Reden und Zuhören, wirkliches Interesse, zugewandten Streit, Kritik und Selbstkritik. Es geht um den ständigen Versuch, etwas von den anderen zu erfahren und zu verstehen.

Alles ganz schön bunt hier –
und auch anstrengend.

Stellen wir uns vor, es gäbe eine Art Spezialteleskop für Glaubensfragen und man könnte es aus dem All auf Europa richten. Wer hindurchschaute, sähe unzählige Blitzlichter, in denen Religion oder Fragen von Glauben und Nicht-Glauben aufscheinen. Man bekäme einen tiefen Einblick in den Alltag der Menschen – und eine Vorstellung davon, was im wahren Leben hinter dem großen Wort von der Religionsfreiheit steckt.

THERE IS NO GOD

Durch London tourt ein roter Doppeldeckerbus mit der Aufschrift „There is probably no God". Eine humanistische Gruppe, die nicht an einen Gott glaubt, protestiert so gegen christliche Buswerbung, die Ungläubigen die Hölle androht.

In Südspanien kraxelt eine Reisegruppe auf die Alhambra-Burg. Die Menschen bewundern die Baukunst der Mauren, während ihr Audioguide von der islamisch-jüdischen Hochkultur im mittelalterlichen Spanien berichtet.

In Zürich tanzen Hunderte Jugendliche zu Jesus-Songs. Was wie eine Party aussieht, ist die Messe einer christlichen Freikirche.

In Berlin streiten Mädchen auf Türkisch über Gummibärchen. Die seien wegen der Gelatine nicht halal und damit verboten, meint eine. Eine andere wehrt sich: Diese Essensregel aus dem Islam habe für sie keine Bedeutung.

In Paris taucht ein junger Tamile beim Beten in seinem Flur drei Finger in eine Art Asche und wischt damit über seine Stirn. Bevor er zur Schule geht, rubbelt er sie sauber, damit niemand denkt, er habe sich schlecht gewaschen.

In Budapest treffen sich die Mitglieder der größten jüdischen Gemeinde Europas am Schabbat in ihrer Synagoge. Gemeinsam sprechen sie ihr wichtigstes Gebet „Schmah Jisrael".

Warum muss der hier stehen, wenn es doch Religionsfreiheit gibt?!

In der Nähe des Katholikentags in Leipzig feiern Menschen mit Nudelsieben auf dem Kopf eine Messe für das fliegende Spaghettimonster. Diese Spaß-Religion will zum Nachdenken über Glauben anstiften.

Vielfalt im europäischen Alltag

LACHEN KÖNNEN. DURCH DICK & DÜNN GEHEN.

VERTRAUEN. GEMEINSAME ERLEBNISSE. SPASS & LACHEN KÖNNEN.

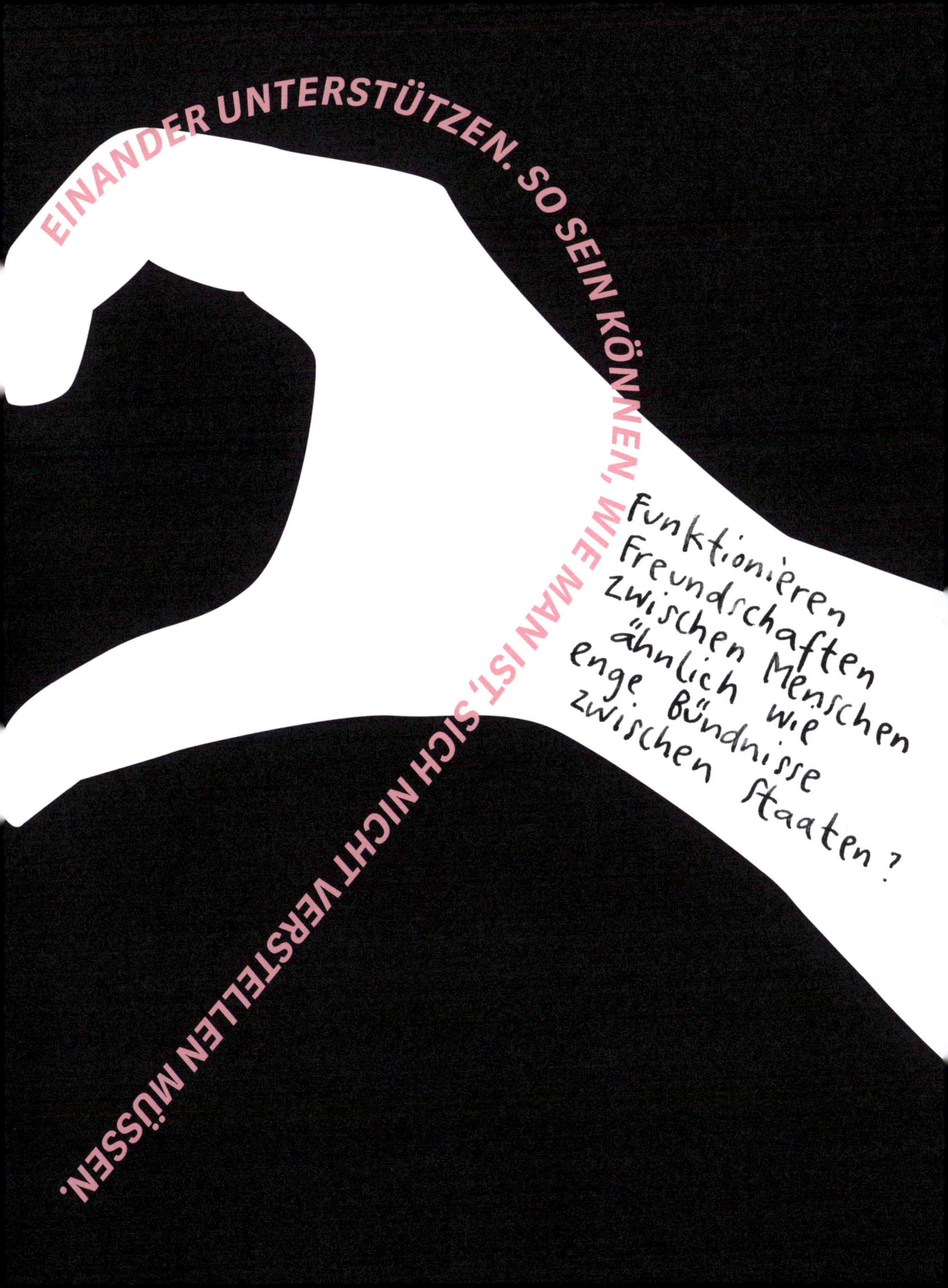

EINANDER UNTERSTÜTZEN. SO SEIN KÖNNEN, WIE MAN IST, SICH NICHT VERSTELLEN MÜSSEN.

Funktionieren
Freundschaften
zwischen Menschen
ähnlich wie
enge Bündnisse
zwischen
Staaten?

26 Punkte der Grundrechte-Charta*

I WÜRDE DES MENSCHEN

1. Die Würde des Menschen ist unantastbar. Sie ist zu achten und zu schützen.
2. Jeder Mensch hat das Recht auf Leben. Todesstrafe ist verboten.
3. Jeder Mensch hat das Recht auf körperliche und geistige Unversehrtheit. In Fragen der Medizin und Biologie müssen Betroffene aufgeklärt werden und einwilligen. Eugenik, also die Selektion von Menschen, ist verboten. Menschen oder ihre Körper dürfen nicht genutzt werden, um Gewinn zu erzielen. Es ist verboten, Menschen zur Vermehrung zu klonen.
4. Folter und unmenschliche oder erniedrigende Strafe oder Behandlung sind verboten.
5. Sklaverei und Zwangsarbeit sowie Menschenhandel sind verboten.

II FREIHEITEN

6. Jeder Mensch hat das Recht auf Freiheit und Sicherheit.
7. Jede Person hat das Recht auf Achtung des Privat- und Familienlebens, ihrer Wohnung und Kommunikation.
8. Jede Person hat das Recht auf Schutz ihrer personenbezogenen Daten und kann Auskunft darüber und Berichtigung der Daten erwirken.
9. Das Recht, eine Ehe einzugehen und eine Familie zu gründen, wird nach den Gesetzen der einzelnen Mitgliedsstaaten gewährleistet.
10. Jeder Mensch hat das Recht auf Gedanken-, Gewissens- und Religionsfreiheit. Das beinhaltet die Freiheit, die Religion zu wechseln und sich zu ihr zu bekennen (Gottesdienst, Unterricht, Bräuche, Riten). Das Recht auf Wehrdienstverweigerung aus Gewissensgründen wird nach den Gesetzen der einzelnen Mitgliedsstaaten anerkannt.
11. Jede Person hat das Recht auf freie Meinungsäußerung und die Freiheit, Informationen ohne Eingriffe und ohne Rücksicht auf Staatsgrenzen zu empfangen und weiterzugeben. Die Freiheit und die Pluralität der Medien werden geachtet.
12. Jeder Mensch hat das Recht auf Versammlungs- und Vereinigungsfreiheit (politische Gruppen, Gewerkschaften).
13. Kunst und Forschung sind frei.

*Sie ist für alle Institutionen der EU verbindlich, seit 2009 auch für die EU-Staaten. Polen und Großbritannien haben für sich Ausnahmen verhandelt.

III GLEICHHEIT

20. Alle Personen sind vor dem Gesetz gleich.

21. Diskriminierung ist verboten, insbesondere wegen Geschlechts, Rasse, Hautfarbe, ethnischer oder sozialer Herkunft, genetischer Merkmale, Sprache, Religion, Weltanschauung, politischer oder sonstiger Anschauungen, Zugehörigkeit zu einer Minderheit, aufgrund des Vermögens, der Geburt, Behinderung, Alters oder sexueller Ausrichtung. Innerhalb der EU ist Diskriminierung aufgrund der Staatsangehörigkeit verboten.

22. Die Union achtet die Vielfalt der Kulturen, Religionen und Sprachen.

23. Die Gleichheit von Frauen und Männern ist in allen Bereichen sicherzustellen, einschließlich Beschäftigung, Arbeit, Arbeitsentgelt. Um Ungleichheit entgegenzuwirken, sind Bevorzugungen erlaubt.

24. Kinder haben Anspruch auf Schutz und Fürsorge. Sie können ihre Meinung frei äußern und werden ihrem Alter angemessen berücksichtigt. In allen Belangen, die Kinder betreffen, muss ihr Wohl vorrangig berücksichtigt werden. Jedes Kind hat Anspruch auf regelmäßige direkte Kontakte zu beiden Elternteilen (wenn das nicht seinem Wohl entgegensteht).

25. Ältere Menschen haben ein Recht auf ein würdiges Leben und darauf, am sozialen und kulturellen Leben teilzunehmen.

26. Menschen mit Behinderung haben einen Anspruch auf Maßnahmen, die ihre Eigenständigkeit gewährleisten, soziale und berufliche Eingliederung und Teilnahme am Leben in der Gemeinschaft ermöglichen.

14. Jede Person hat das Recht auf Bildung, insbesondere auf kostenlosen Pflichtschulunterricht sowie auf Zugang zu beruflicher Bildung. Die Freiheit im Schulwesen unterliegt einzelstaatlichen Gesetzen.

15. Jede Person hat das Recht, zu arbeiten und einen Beruf ihrer Wahl auszuüben. Alle EU-Bürgerinnen und -Bürger haben die Freiheit, in jedem Mitgliedsstaat Arbeit zu suchen, zu arbeiten und sich niederzulassen. Menschen aus Nicht-EU-Staaten haben, wenn sie in der EU arbeiten, Anspruch auf gleiche Arbeitsbedingungen.

16. Unternehmerische Freiheit wird anerkannt und durch staatliche Gesetze geregelt.

17. Rechtmäßig erworbenes Eigentum ist geschützt, geistiges Eigentum ebenso.

18. Es gibt ein Recht auf Asyl – nach dem Genfer Abkommen sowie nach EU-Verträgen.

19. Kollektivabschiebungen darf es nicht geben. Niemand darf in einen Staat abgeschoben werden, in dem ihm Todesstrafe, Folter oder andere unmenschliche Strafen drohen.

24 weitere Punkte der Grundrechte-Charta*

IV SOLIDARITÄT

27. Arbeitnehmerinnen und Arbeitnehmer oder ihre Vertretungen müssen in Unternehmen informiert und angehört werden, nach den Regeln von EU und Einzelstaaten.

28. Arbeitnehmer- und Arbeitgeberseite (oder ihre Vertreter) dürfen Tarifverträge aushandeln, bei Interessenkonflikten gibt es ein Recht auf Streik.

29. Jeder Mensch hat das Recht auf Zugang zur Arbeitsvermittlung.

30. Jeder Mensch muss vor ungerechtfertigter Entlassung geschützt werden.

31. Arbeitnehmerinnen und Arbeitnehmer haben das Recht auf gesunde, sichere, würdige Arbeitsbedingungen, auf eine begrenzte Höchstarbeitszeit, Ruhezeiten und bezahlten Jahresurlaub.

32. Kinderarbeit ist verboten. Das Mindestalter zum Arbeitseintritt muss nach dem Ende der Schulpflicht liegen, mit streng geregelten Ausnahmen. Jugendliche sind am Arbeitsplatz besonders geschützt.

33. Die Familie unterliegt rechtlichem, wirtschaftlichem und sozialem Schutz. Jeder Mensch hat das Recht auf bezahlten Mutterschaftsurlaub, Elternurlaub und Schutz vor Entlassung bei Geburt oder Adoption eines Kindes.

34. Soziale Sicherheit und Unterstützung (bei Mutterschaft, Krankheit, Arbeitsunfall, Pflegebedürftigkeit, Alter, Arbeitslosigkeit) stehen jedem Menschen in der EU nach dem Recht des jeweiligen Staates zu. Für alle soll ein menschenwürdiges Dasein sichergestellt werden, dazu gehört auch eine Wohnung.

35. Jeder Mensch hat das Recht auf Zugang zu ärztlicher Versorgung.

36. Die Union erkennt an, dass der Zugang zu Dienstleistungen von allgemeinem wirtschaftlichen Interesse wie Müllabfuhr oder Post gewährleistet sein muss.

37. Guter Umweltschutz und die Verbesserung der Umweltqualität müssen nachhaltig in die EU-Politik einbezogen werden.

38. Die EU stellt hohe Verbraucherschutz-Standards sicher.

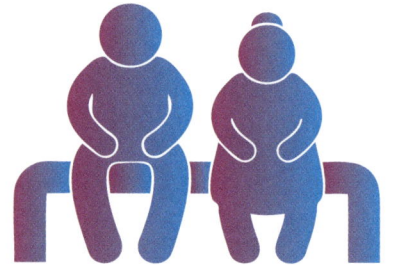

V BÜRGERRECHTE

EU-Bürgerinnen und -Bürger haben das Recht ...

39. ... in dem EU-Staat, in dem sie wohnen, das EU-Parlament zu wählen und sich dafür wählen zu lassen. Die Wahl ist allgemein, unmittelbar, frei und geheim.

40. ... in dem EU-Staat, in dem sie wohnen, bei Kommunalwahlen zu wählen und sich wählen zu lassen wie die anderen Bürger dieses Staates auch.

41. ... dass EU-Verwaltungen ihre Angelegenheiten unparteiisch, gerecht und innerhalb einer angemessenen Zeit behandeln. Sie dürfen sich in einer der derzeit 24 EU-Amtssprachen an die EU wenden und erhalten Antwort in dieser Sprache.

42. ... auf Zugang zu Dokumenten der EU.

43. ... bei Missständen in der EU den Europäischen Bürgerbeauftragten einzuschalten.

44. ... Petitionen an das EU-Parlament zu richten.

45. ... sich innerhalb der EU frei zu bewegen und aufzuhalten. Diese Freizügigkeit kann auch Bürgerinnen und Bürgern aus anderen Ländern gewährt werden, die sich rechtmäßig in der EU aufhalten.

46. ... im Ausland von Botschaften und Diplomaten anderer Mitgliedsstaaten vertreten zu werden, wenn ihr Land dort kein eigenes Konsulat hat.

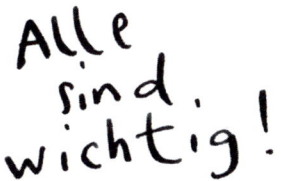

VI JUSTIZIELLE RECHTE

47. Jede Person darf zur Durchsetzung ihrer EU-Rechte ein Gericht anrufen. Sie hat das Recht auf ein unabhängiges, unparteiisches Verfahren in angemessener Frist.

48. Jeder Angeklagte gilt bis zum Beweis seiner Schuld als unschuldig und darf sich verteidigen lassen.

49. Niemand darf für etwas verurteilt werden, das zur Tatzeit nicht strafbar war. Das Strafmaß darf nicht unverhältnismäßig sein und nicht höher, als es zur Tatzeit gewesen wäre.

50. Niemand darf wegen derselben Straftat zweimal strafrechtlich verfolgt oder bestraft werden.

* Die Grundrechte-Charta ist seit 2009 in Kraft. Wir haben sie gekürzt und die Fachsprache leichter verständlich gemacht.

Wachstumsschübe einer Gemeinschaft

In Vielfalt vereint – so lautet das Motto der Europäischen Union. Eine Sechser-gruppe hat das Bündnis in den 50er-Jahren ins Leben gerufen: 1958 legten Frankreich, Deutschland, Italien und die drei Benelux-Länder mit den Römischen Verträgen ihre Wirtschaftsräume zusammen.

Über die Jahrzehnte wurde die Gemein-schaft bunter, mehrfach sind Länder bei-getreten. EU heißt das Bündnis erst seit dem Maastricht-Vertrag von 1993. Ein Aus-tritt Großbritanniens, der sogenannte Brexit, wäre erstmals eine Verkleinerung der EU.

1958 Belgien, Deutschland, Frankreich, Italien, Luxemburg, Niederlande
1973 Dänemark, Großbritannien, Irland
1981 Griechenland
1986 Portugal, Spanien
1995 Finnland, Österreich, Schweden

2004 Estland, Lettland, Litauen, Malta, Polen, Slowakei, Slowenien, Tschechien, Ungarn, Zypern
2007 Bulgarien, Rumänien
2013 Kroatien
Kandidatenländer sowie potenzielle Kandidatenländer: Albanien, Bosnien und Herzegowina, Kosovo, Mazedonien, Montenegro, Serbien, Türkei

So viele Länder schließen sich eng zusammen — das ist einmalig.

Meilensteine in Bildern

Wichtige Institutionen in ultrakurzen Steckbriefen

EUROPÄISCHES PARLAMENT

„Stimme der Menschen"

Aufgabe arbeitet bei der Gesetzgebung mit & kontrolliert Rat der EU und Kommission
Wer bis zu 751 Abgeordnete
Wo Straßburg, Frankreich & Brüssel, Belgien & Luxemburg
Telefon +32 2 28 42111

EU - HOTLINE:
00 800 67 89 10 11
Alle Fragen,
alle Sprachen!

EUROPÄISCHE KOMMISSION

„Hüterin der Verträge"

Aufgabe kann als Einzige dem Rat der EU und dem Parlament Gesetze vorschlagen & wacht über die Vereinbarungen der EU & verwaltet den Haushalt **Wer** pro Mitgliedsstaat eine Kommissarin/ein Kommissar mit bestimmter Zuständigkeit
Wo Brüssel, Belgien **Telefon** +32 2 299 11 11

RAT DER EU

„Steuer-Rat"

Aufgabe koordiniert die Arbeit der EU & ist an der Gesetzgebung beteiligt

Wer je Mitgliedsstaat eine Ministerin/ein Minister pro Fachausschuss

Wo Brüssel, Belgien & Luxemburg

Telefon +32 2 281 61 11

EUROPÄISCHE ZENTRALBANK

„€urobanker"

Aufgabe bestimmt die Währungspolitik der Euro-Länder & soll Preise stabil halten & hat die Aufsicht über die Banken

Wer Direktorium plus Zentralbanken der Mitgliedsstaaten

Wo Frankfurt am Main, Deutschland

Telefon +49 69 13 44 0

EUROPÄISCHER RAT

„Die den Hut aufhaben"

Aufgabe legt den Kurs und die Prioritäten der EU fest & liefert Ideen zu ihrer Weiterentwicklung **Wer** alle Staats- & Regierungschefinnen/-chefs der Mitgliedsstaaten & Rats- und Kommissionspräsident/in **Wo** Brüssel, Belgien

Telefon +32 2 281 61 11

EUROPÄISCHER GERICHTSHOF

„Letzte Instanz"

Aufgabe setzt EU-Recht durch und legt es aus & kann zum Beispiel Bußgelder gegen Mitgliedsstaaten verhängen

Wer im Gerichtshof pro Mitgliedsstaat eine Richterin/ein Richter sowie Generalanwälte

Wo Luxemburg

Telefon +352 4303 1

Drei Länder, drei Wege

Es ist so hart, in jungen Jahren arbeitslos zu sein.

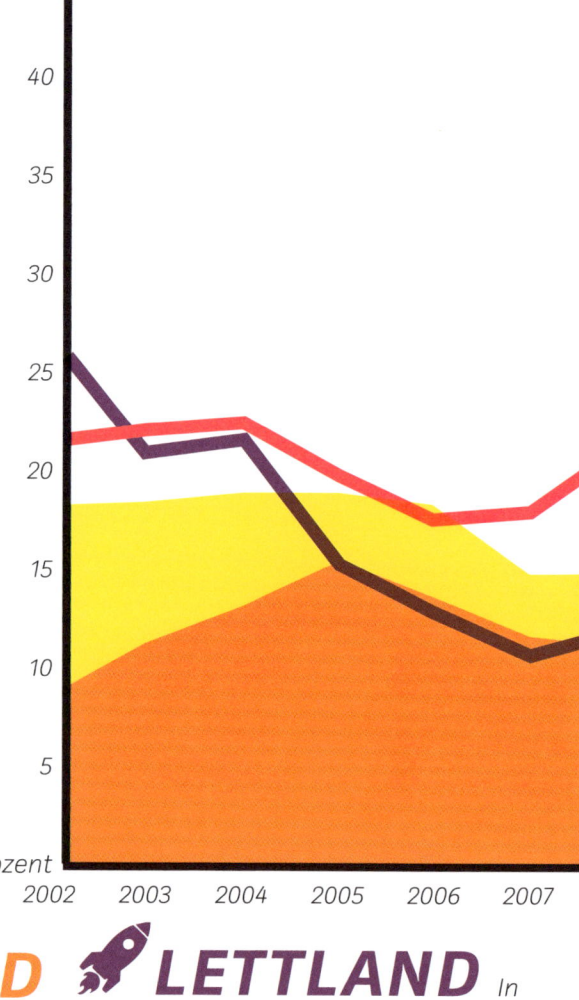

DEUTSCHLAND

Ab 2002 rückt mit den Hartz-Reformen Jugendarbeitslosigkeit stärker in den Fokus. Jugendliche werden vermehrt noch während der Schulzeit an die Hand genommen – auf dem Weg zum Schulabschluss oder bei der Suche nach einer Berufsidee und einem Ausbildungsplatz.

🚀 LETTLAND In

der Finanz- und Wirtschaftskrise setzt der Staat stark auf Start-ups: Er fördert junge Menschen, die Firmen gründen. Tatsächlich trauen sich viele in Lettland so etwas zu, aber längst nicht alle. Viele Zehntausend junge Erwachsene gehen weg – vor allem nach Großbritannien. Lettlands Bevölkerung schrumpft dramatisch.

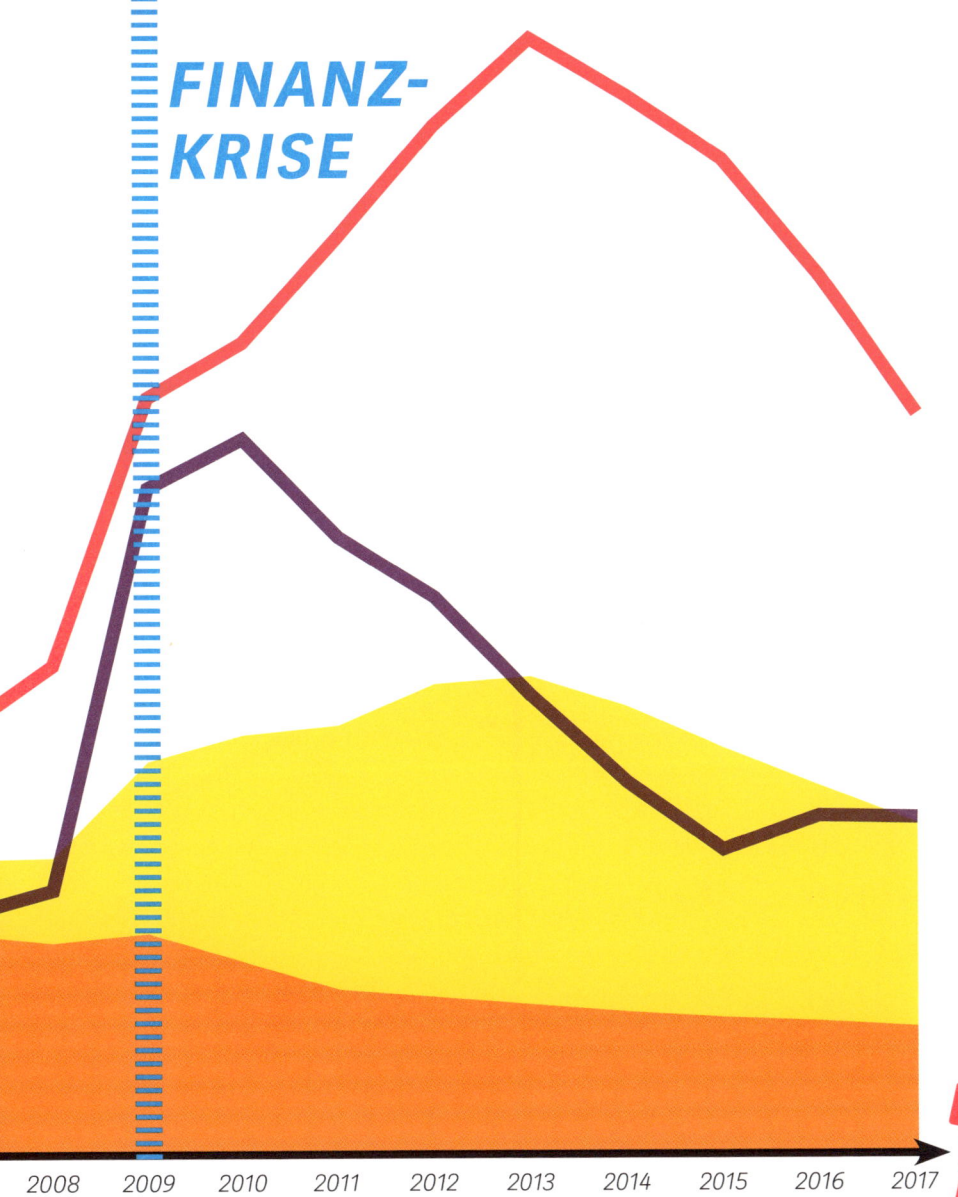

FINANZ-KRISE

2008 2009 2010 2011 2012 2013 2014 2015 2016 2017

EU Seit 2007 fördert die EU Maßnahmen gegen Jugendarbeitslosigkeit. Ab 2011 nimmt sie das Thema noch stärker in den Blick. Sie gibt mehr Geld, vor allem aber prüft die EU, was die Mitgliedsstaaten tun. Jedes Land muss regelmäßig berichten und wird beraten. 2015 waren rund fünf Millionen Menschen zwischen 15 und 24 Jahren arbeitslos.

SPANIEN Dort ist die Quote arbeitsloser junger Menschen extrem hoch. Spanien beginnt, sein Ausbildungssystem zu erneuern: Berufsausbildungen sollen praktischer werden und Studierende in Fächer gelenkt werden, die auch gebraucht werden. Das dauert. In der Krise verlassen viele junge Menschen das Land.

Ohne die EU wäre der Profifußball in Europa heute ein anderer. 1995 mischte der Europäische Gerichtshof die Fußballwelt mit einem Urteil auf, das erst einmal total selbstverständlich klingt: Es besagt, dass Fußballprofis normale Arbeitnehmer sind – und genau wie jeder andere EU-Bürger in jedem anderen EU-Land leben und arbeiten dürfen. Diese sogenannte Freizügigkeit ist eines der fundamentalen Grundrechte des Länderverbundes, sie darf nicht eingeschränkt werden. Auch nicht im Sport.

Das Urteil kam einer Revolution im Profisport gleich, denn es kippte das bis dahin übliche Transfersystem im Fußball. Die Richter bestimmten, dass Vereine Spieler, deren Verträge abgelaufen sind, frei zu einem anderen Klub wechseln lassen müssen – ohne dass sie dafür eine Ablösesumme verlangen dürfen. Außerdem untersagte es den Klubs Ausländerklauseln für EU-Sportler. Mit solchen Regeln hatten die Vereine zuvor bestimmt, dass bei Wettbewerben ein Großteil ihrer Spieler aus dem eigenen Land stammen musste.

Der Richterspruch war ein Paukenschlag. Spielervertreter jubelten, dass die Sportler nun frei seien und nicht mehr wie Pferde oder Kühe gehandelt werden dürften. Fußballfunktionäre dagegen zeterten, es sei eine Katastrophe für den Profisport. Die Katastrophe blieb aus. Aber Spieler haben in Verhandlungen mit Klubs seither viel mehr Macht. Das führt auch dazu, dass die Gehälter explodiert sind und manch ein Profi heute jeden Monat mehrere Millionen Euro verdient.

Wie kam es dazu?

Dem Paukenschlag war der jahrelange Kampf eines belgischen Fußballprofis vorausgegangen. Jean-Marc Bosman heißt er, 1990 ist er Spieler beim belgischen Erstligaverein RFC Lüttich. Als sein Vertrag dort ausläuft, will der Verein Bosman behalten, bietet ihm aber deutlich weniger Geld. Der Spieler soll statt umgerechnet rund 3.000 Euro nur noch 750 Euro verdienen. Das lehnt er ab und will zum französischen Zweitligaklub Dünkirchen wechseln, der ihm deutlich mehr Gehalt zahlen will. Doch für den Wechsel verlangt der belgische Klub eine horrende Ablösesumme. Auch sonst bremst Bosmans Ex-Verein, er sperrt den Spieler, der damit quasi arbeitslos wird. Bosman schaltet Rechtsanwälte ein und beginnt zu klagen.

Im Prozess rufen belgische Richter das oberste Gericht der EU an. Es soll klären, ob die Regeln der Fußballvereine die Römischen Verträge brechen, in denen die Staaten der EU die Freizügigkeit vereinbart haben.

Fußballzoff auf EU-Ebene

Damit tobt der Streit zwischen dem Fußballer und seinem Verein auf höchster Ebene. Der belgische Fußballverband und der europäische Verband UEFA haben sich eingeschaltet, außerdem Regierungen aus Dänemark, Frankreich, Italien und Deutschland. Sie wollen verhindern, dass die EU-Richter sich in den Sport der einzelnen Staaten einmischen. Vergeblich.

Am 15. Dezember 1995 wird das Urteil verkündet: Es verbietet den Vereinen als Arbeitgeber der Spieler, die Freizügigkeit ihrer Arbeitnehmer – der Fußballer also – einzuschränken. Und es verlangt von ihnen, alle EU-Spieler gleich zu behandeln und niemanden aufgrund der Staatsbürgerschaft zu benachteiligen.

Nach fünf Jahren Streit hat Bosman gesiegt. Doch er selbst hat davon nichts. Seine Fußballerkarriere war kurz nach Prozessbeginn beendet. Einen Großteil der Entschädigungssumme muss er an seine Anwälte zahlen.

Klubs werden bunt

Das Ende der Ausländerklauseln krempelte den Profisport um. Viele Topvereine wurden schlagartig international: Waren etwa in deutschen Erstligaklubs 1995 im Durchschnitt nur zwei von zehn Spielern Ausländer, traf das im Jahr 2000 auf doppelt so viele Kicker zu. Ähnlich sah es in Bundesligaklubs im Basketball und Handball aus. Im Eishockey schnellte der Ausländeranteil innerhalb von drei Jahren von 10 % auf mehr als 60 %. Heute haben in der Fußball-Bundesliga mehr als die Hälfte der Spieler einen nicht deutschen Pass.

Die Vereine wetteifern nun auf einem Weltmarkt um die besten Spieler. Die europäischen Spitzenligen sammeln die internationalen Topspieler, das Leistungsniveau der Ligen steigt spürbar an. Das Ende der Ablösesummen bewirkte, dass Topsportler heute sehr selbstbewusst Verträge verhandeln. Die Vereine zahlen ihnen und ihren Beratern nicht selten Millionensummen. Was allerdings auch damit zu tun hat, dass die Vereine heute viel höhere Einnahmen verzeichnen.

Und noch etwas hat das Bosman-Urteil bewirkt: Es gab den Spieler-Gewerkschaften, welche die Interessen der Sportler gegenüber ihren Arbeitgebern vertreten, einen Kick. Wenn nötig, gehen sie dafür bis zu den Gerichten der EU.

Woanders arbeiten zu dürfen ist ein Grundrecht in der EU.

Nach gewonnenen EM-Titeln

Spanien 2012, 2008, 1964
Deutschland 1996, 1980, 1972
Frankreich 2000, 1984
Sowjetunion* 1960
Italien 1968
Portugal 2016
Tschechoslowakei**1976
Niederlande 1988
Dänemark 1992

Griechenland 2004

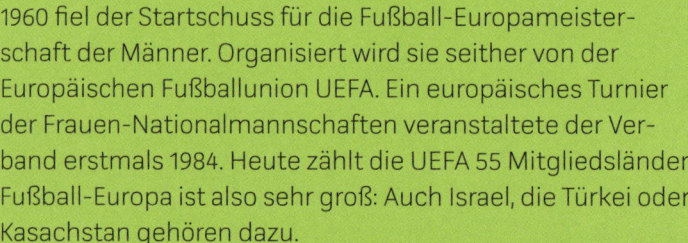

1960 fiel der Startschuss für die Fußball-Europameister-
schaft der Männer. Organisiert wird sie seither von der
Europäischen Fußballunion UEFA. Ein europäisches Turnier
der Frauen-Nationalmannschaften veranstaltete der Verband erstmals 1984. Heute zählt die UEFA 55 Mitgliedsländer.
Fußball-Europa ist also sehr groß: Auch Israel, die Türkei oder
Kasachstan gehören dazu.

Länder, die es so nicht mehr gibt:
* 1990/91 zerfiel die Sowjetunion in Russland & weitere 14 Republiken.
** 1993 trennte sich die Tschechoslowakei in die Länder Tschechien & Slowakei.

Deutschland 2013, 2009, 2005, 2001, 1997, 1995, 1991, 1989
Norwegen 1993, 1987
Niederlande 2017
Schweden 1984

krass: Ein Top-Spieler verdient viel
mehr als alle Spielerinnen
in der Bundesliga zusammen.

MAZEDONIEN HAT DIE GESCHLECHTER-KLUFT ZU 70 % GESCHLOSSEN.

SLOWENIEN HAT DIE GESCHLECHTER-KLUFT ZU 80 % GESCHLOSSEN.

Türkei
Ungarn
Malta
Zypern
Tschechien
Italien
Griechenland
Slowakei

← 30% →

Mazedonien
Bosnien und Herzegowina
Rumänien
Österreich
Kroatien
Serbien
Polen
Albanien
Estland
Portugal
Niederlande
Belgien
Litauen
Spanien
Schweiz
Lettland
Bulgarien
Großbritannien
Dänemark
Deutschland
Frankreich
Irland

← 20% →

Slowenien
Schweden
Finnland
Norwegen
Island

Hier geht's um mehr als nur Lohn.

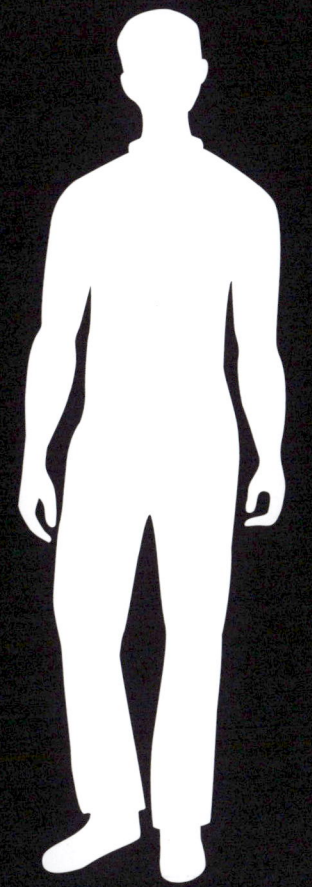

Ein Riss geht durch die Menschheit. Er treibt eine Kluft zwischen Frauen und Männer, macht Unterschiede zwischen den Geschlechtern. Dieser Riss existiert in allen Ländern der Welt, auch in Europa. Er entsteht, weil Frauen schlechtere Chancen haben als Männer.

Wir zeigen, wo in Europa die Kluft am größten ist. Und in welchen Ländern Frauen und Männer näher beieinander liegen, weil die Chancenunterschiede geringer sind. Dabei geht es um mehr als gleichen Lohn für gleiche Arbeit. Es geht zum Beispiel auch um die Chance von Frauen, Chefin einer großen Firma oder führende Politikerin zu werden. Es geht um den Anteil Frauen, die überhaupt arbeiten. Es geht darum, inwiefern Mädchen genauso gute Bildung erhalten wie Jungen. Und es geht darum, ob Frauen genauso gut und lange gesund leben können wie Männer.

Was die Grafik nicht zeigt: Der weltweite Durchschnitt liegt bei 32 %. Island ist nicht nur Spitze in Europa – sondern auch weltweit. Auch viele andere europäische Staaten schneiden im Vergleich sehr gut ab. Die EU betont Geschlechtergerechtigkeit als einen ihrer zentralen Grundwerte.

Lebenserwartung von Frauen & Männern

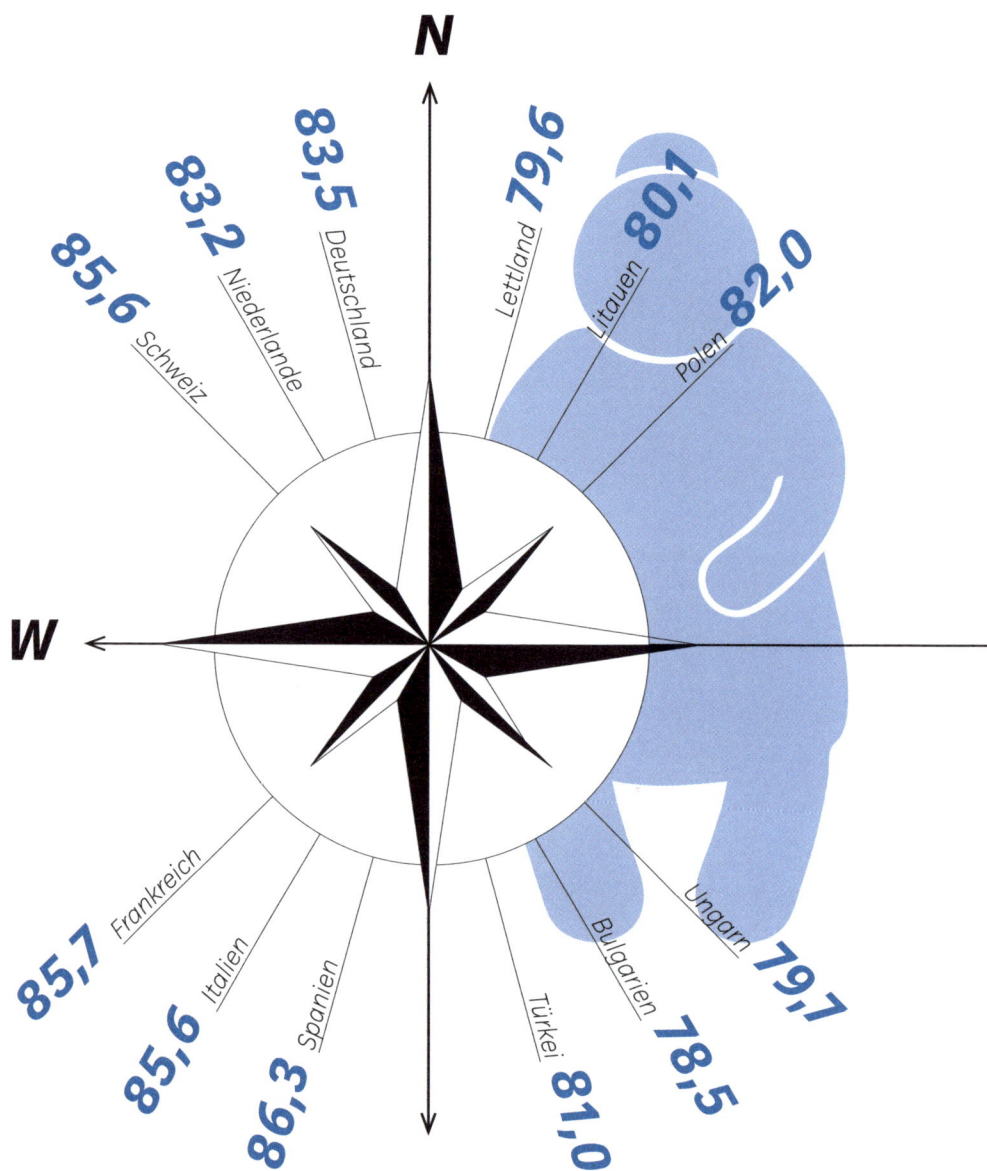

85,6 Schweiz
83,2 Niederlande
83,5 Deutschland
79,6 Lettland
80,1 Litauen
82,0 Polen
85,7 Frankreich
85,6 Italien
86,3 Spanien
81,0 Türkei
78,5 Bulgarien
79,7 Ungarn

Seit etwa hundert Jahren werden die Menschen weltweit gesehen immer älter. Das gilt auch für Europa. Noch 1900 lag die Lebenserwartung in Deutschland zum Beispiel bei 43 Jahren. Inzwischen ist sie in allen Staaten Europas deutlich höher. Doch es fällt auf, dass das für Männer in einigen osteuropäischen Ländern so nicht gilt. Das hat viele Gründe, unter anderem gibt es Unterschiede in den Gesundheitssystemen. Fachleute sagen zudem: In einigen Ländern Osteuropas ist Alkoholmissbrauch vor allem unter Männern noch immer stark verbreitet – und drückt deren Lebenserwartung gewaltig.

Das sind Werte wie in Entwicklungsländern.

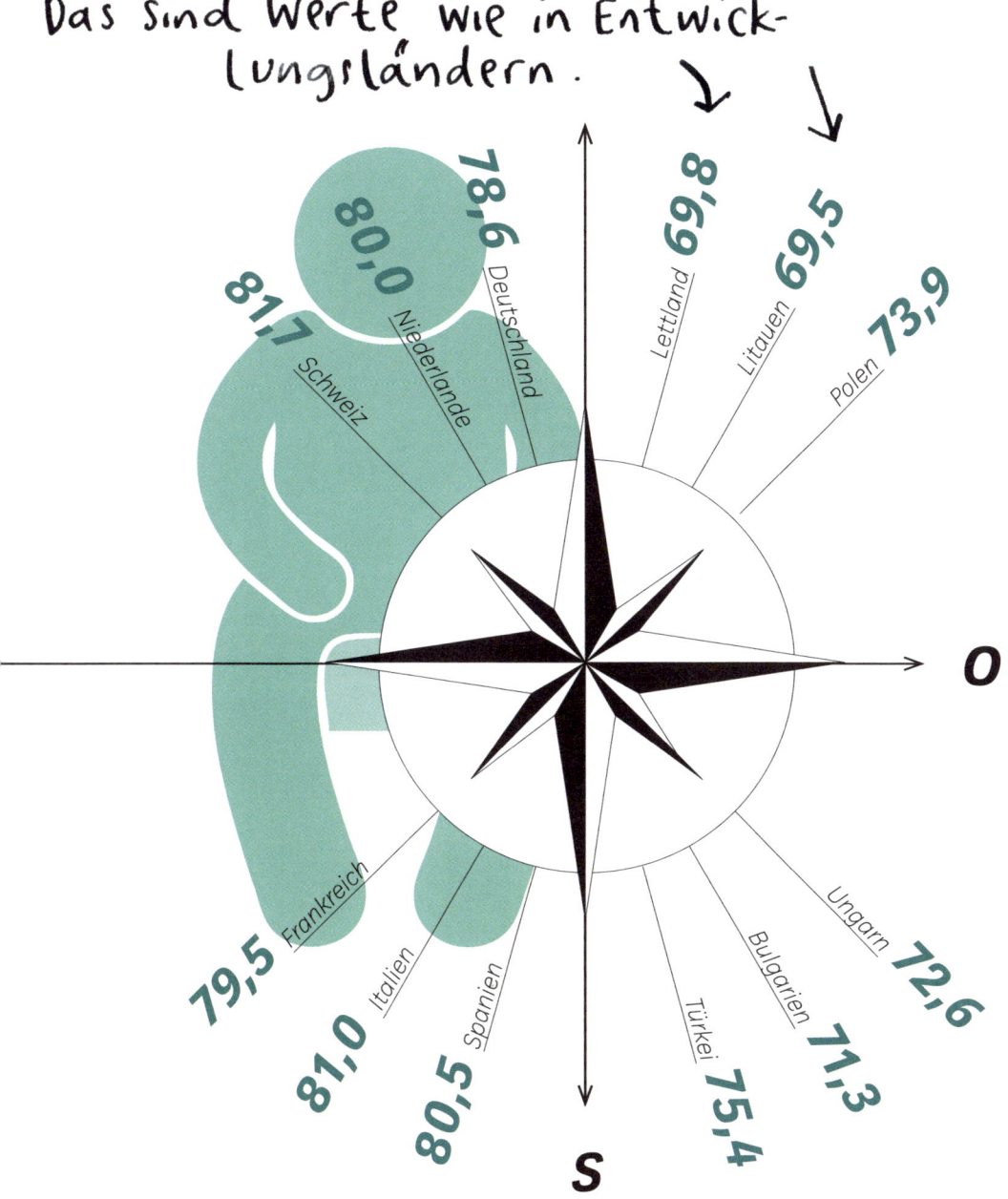

Schweiz 81,7

Niederlande 80,0

Deutschland 78,6

Lettland 69,8

Litauen 69,5

Polen 73,9

O

Ungarn 72,6

Bulgarien 71,3

Türkei 75,4

Spanien 80,5

Italien 81,0

Frankreich 79,5

S

Die Zufriedenheit der Menschen

Lettland
Zypern
Estland
Kosovo
Ungarn
Türkei
Portugal
Serbien
Griechenland
Montenegro
Kroatien
Mazedonien
Bosnien und
Herzegowina
Bulgarien

... liebt mich,

liebt mich nicht,

Was braucht es zum Glücklichsein? Das ist eine Frage, die sich viele Menschen im Leben stellen. Auch die Wissenschaft interessiert sich brennend dafür. Die moderne Medizin kann menschlichen Gehirnen heute live dabei zusehen, wenn Glücksgefühle entstehen. Seit einigen Jahren lassen die Vereinten Nationen eine Art Glücksranking erstellen, den World Happiness Report. Er analysiert, wie Menschen ihre Lebensqualität bewerten – und zwar in sechs Bereichen: Eingerechnet werden die Wirtschaftskraft des Landes, zu erwartende gesunde Lebensjahre, soziale Unterstützung, empfundene Freiheit bei Lebensentscheidungen, Großzügigkeit und wahrgenommene Korruption.

Rumänien
Slowenien
Litauen
Italien
Polen
Slowakei
Spanien
Frankreich
Malta
Tschechien
Großbritannien
Luxemburg
Belgien
Deutschland
Irland
Österreich
Schweden
Niederlande
Schweiz
Island
Dänemark
Norwegen
Finnland

liebt mich!

Naschkatzen im Vergleich

Zeit für Nervennahrung!

SCHWEIZ
10,15 KG

DEUTSCHLAND
9,54 KG

LITAUEN
8,58 KG

BELGIEN 5,13 KG

GRIECHENLAND 1,72 KG

TSCHECHIEN 1,44 KG

Hierzu zählen auch Riegel, Pralinen und weiße Schokolade.

Sechs merkwürdige (Halb-)Inseln

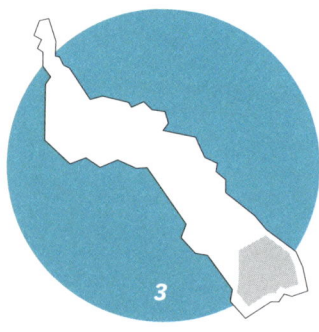

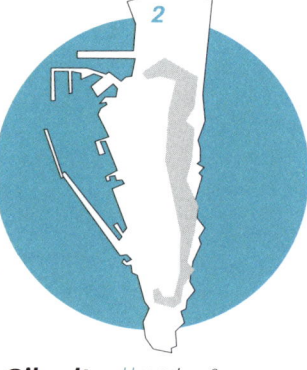

Fasaneninsel || 0,003 km²
43.342733, -1.765724 *
Diese Flussinsel wechselt alle halbe Jahre ihre Staatszugehörigkeit. Vom 1. Februar bis 31. Juli hat Spanien die Kontrolle, danach übernimmt Frankreich. So etwas nennt sich Kondominium. Die Insel liegt im spanisch-französischen Grenzfluss Bidasoa und ist unbewohnt.

Gibraltar || 6,5 km²
36.134534, -5.346710 *
Halbinsel Südspaniens, die seit 300 Jahren zu Großbritannien gehört und noch heute Streitthema zwischen den Ländern ist – auch im Zusammenhang mit dem möglichen Austritt Großbritanniens aus der EU. Touristen knipsen dort die einzigen frei lebenden Affen Europas und schauen in Richtung Afrika.

Republik Athos || 336 km²
40.290804, 24.197481 *
Vielleicht der einzige Ort Europas, der nur für Männer da ist. Außer Katzen dürfen nicht einmal weibliche Tiere auf diesen Zipfel im Südosten der griechischen Halbinsel Chalkidiki. Das Gebiet hat eine eigene Verfassung und ist rund 2.000 Mönchen vorbehalten, deren orthodoxe Klöster dort stehen.

* Geocode Gib die Zahlencodes bei einem Online-Kartendienst ein, und du landest genau bei den Inseln.

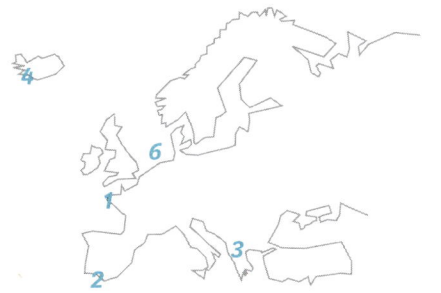

Was würdest du mitnehmen auf eine einsame Insel?

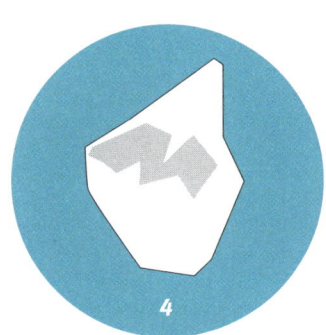

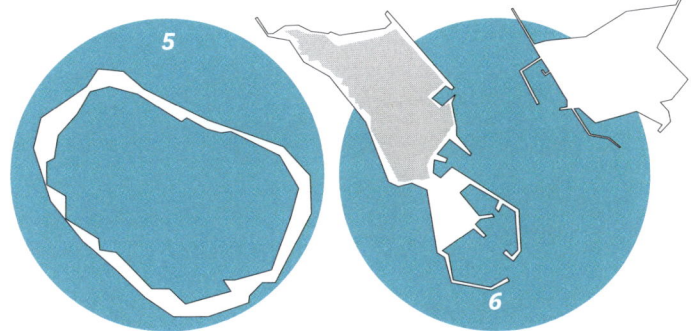

Surtsey || *1,4 km²*
63.302695, -20.603145 *
Diese Insel ist wahrscheinlich der jüngste Flecken Erde (der länger als nur vorübergehend da ist). Der Ausbruch eines unterseeischen Vulkans brachte sie zwischen 1963 und 1967 bei Island über die Meeresoberfläche. Hier lässt sich live beobachten, wie Mikroorganismen, Pflanzen und Tiere neues Land erobern.

Clipperton || *5 km²*
10.307661, -109.233124 *
Ringförmiges Riff mit Piratenhistorie. Um 1705 soll der englische Meuterer John Clipperton dort untergeschlüpft sein. Heute gehört die Insel im Pazifik zu Frankreich und ist unbewohnt.

Helgoland || *1,7 km²*
54.175562, 7.891110 *
Zu Deutschland gehörende Hochseeinsel aus zwei Teilen. In den Weltkriegen wurde sie militärisch genutzt, U-Boot-Bunker inklusive. 1947 hätte das britische Militär die Insel fast komplett gesprengt. Heute ist sie ein beliebtes Reiseziel.

Eine Auswahl kniffliger Fragen zum Brexit

Eine Scheidung ist nie leicht und tut immer weh. Das gilt auch für die mögliche Trennung von Großbritannien und der Europäischen Union. Diesem sogenannten Brexit haben die Bürgerinnen und Bürger Großbritanniens im Sommer 2016 mit knapper Mehrheit in einer Volksbefragung zugestimmt. Es wäre das erste Mal, dass ein Land die EU verlässt. Das machte die Verhandlungen über die Trennung besonders schwierig. Denn es gibt keine Vorlage, an der man sich orientieren könnte.

***Achtung, Baustelle!** Während wir das Buch gemacht haben, wussten wir bis zum Schluss nicht, wie die Sache mit dem Brexit ausgehen würde. Deswegen sind die Sätze auf dieser Seite voller würde, könnte und wäre.*

Handel
Wie kann der Handel funktionieren? Soll es Zölle auf Waren geben? Wie regeln beide Seiten, dass niemand sich Vorteile verschafft und die Verbraucher- und Umweltstandards der EU umgeht?

Menschen
Wie weit reicht EU-Recht? Welche Rechte sollen für EU-Bürgerinnen und -Bürger gelten, die in Großbritannien leben, falls das Land die EU verlässt? Wie wäre das mit Britinnen und Briten in EU-Ländern? Das betrifft mehr als vier Millionen Menschen.

Geld

Wie bei richtigen Scheidungen häufig auch, gibt es Gezerre um Geld. Denn die Länder verpflichten sich oft auf Jahre im Voraus, wie viel Geld sie der EU überweisen. Steigt ein Land zwischendurch aus, fehlen der EU schnell Millionen Euro. Und dann kann sie vielleicht nicht alle Pläne in die Tat umsetzen.

Ein Gutes am Brexit: Jetzt denken alle darüber nach, was ihnen die EU wert ist.

Grenzen

Der Brexit kratzt an einer alten Narbe des Staates: an jener, die vom Nordirland-Konflikt übrig ist. Das Gebiet liegt auf der Irischen Insel, die in der EU ist. Aber es gehört zum Vereinigten Königreich*. Das ist so leicht gesagt, doch über die Zugehörigkeit Nordirlands gab es einen jahrzehntelangen blutigen Bürgerkrieg. In der Zeit sperrten britische Soldaten die Grenze nach Nordirland ab. Es war wichtig für den Frieden, dass diese Grenze später in der EU fast unsichtbar wurde und die Menschen einfach hin- und herfahren konnten. Doch mit dem Brexit würde die EU genau an dieser Linie enden. Wie könnte die Abgrenzung funktionieren – ohne alte Wunden wieder aufzureißen?

* Das Vereinigte Königreich besteht aus Großbritannien und Nordirland. Der Einfachheit halber nennen wir den Staat in diesem Buch in der Regel nur Großbritannien.

Pendeln

Täglich fahren in vielen Grenzregionen Europas Tausende Menschen zur Arbeit von einem Land ins andere. Das war auch in Gibraltar lange üblich. Die Halbinsel Spaniens gehört zu Großbritannien. Wie könnte das Pendeln laufen, wäre der Zipfel nicht mehr EU?

Münzen aus Ländern des politischen Europas

Großbritannien
1 Pfund

Norwegen
1 Krone

Island
1 Krone

€-Zone
1 Euro

Schweiz &
Liechtenstein
1 Franken

Rumänien
50 Bani

Polen
1 Złoty

Bosnien und
Herzegowina
1 Konvertible
Mark

Serbien
1 Dinar

Haste mal'n bisschen Kleingeld?

Dänemark
1 Krone

Schweden
1 Krone

Tschechien
1 Krone

Ungarn
5 Forint

Bulgarien
1 Lew

Kroatien
1 Kuna

Mazedonien
1 Denar

Albanien
1 Lek

Türkei
1 Lira

Wenn Ausgaben höher sind als Einnahmen

Ausgaben sind Minus, Einnahmen ein Plus.

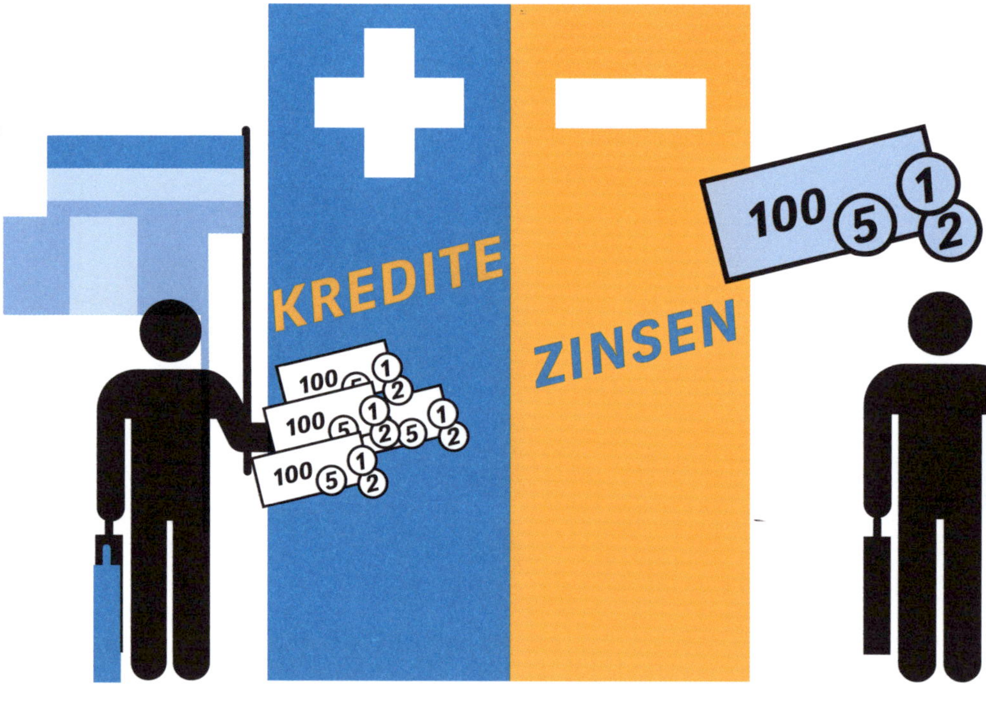

KREDITE

ZINSEN

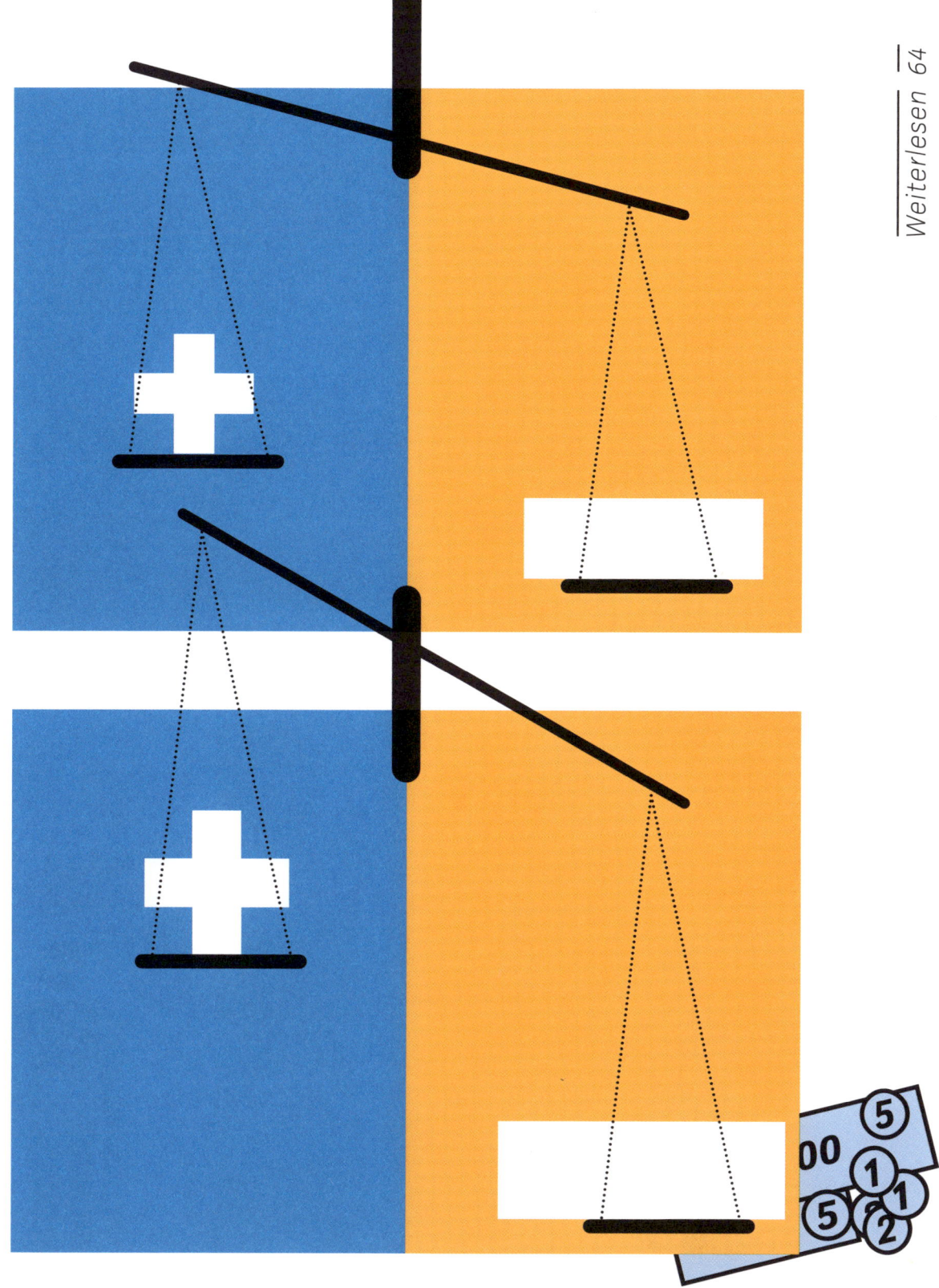

WAS BEDEUTET ARMUT IN EUROPA?

Wenn gutes Essen nicht oft drin ist

Arm oder nicht? Diese Frage misst die EU anhand von neun vorgegebenen Dingen. Menschen werden gefragt, ob sie sich diese finanziell leisten könnten, wenn sie sie haben wollten. Wer sich drei oder mehr der neun Dinge nicht leisten kann, gilt als materiell arm. Ab vier Dingen gilt man als sehr arm. Die EU sagt das schöner: Jemand muss große materielle Entbehrungen hinnehmen.

Unsere Grafik zeigt, wie vielen von 100 Menschen in Europa es so geht. Wir geben den Durchschnitt für alle Länder des politischen Europas an. Betrachtet man die EU allein, sind weniger Menschen betroffen.

In Bulgarien kann sich jeder Dritte nicht regelmäßig ein gutes Essen leisten.

UNERWARTETE AUSGABEN

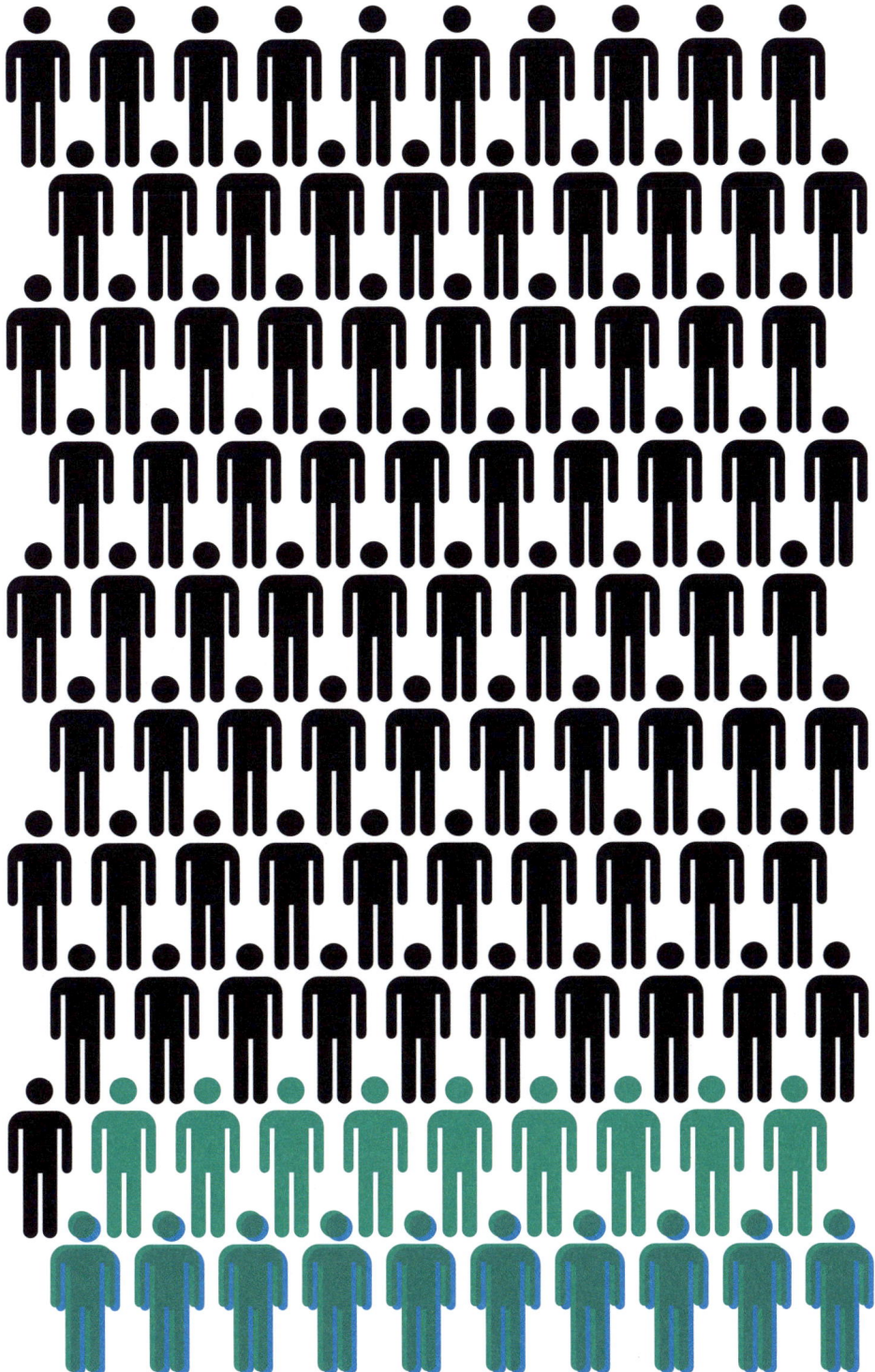

MENSCHEN

Der Begriff Roma wird meist für verschiedene Bevölkerungsgruppen zusammen verwendet, etwa Roma, Sinti und Kalé. In Deutschland sprechen viele von „Sinti und Roma". Insgesamt leben in Europa geschätzt 10 bis 12 Millionen Menschen, die sich zu den Roma zählen. Rom bedeutet Mensch oder Mann. Frau heißt Romni, in der Mehrzahl Romnja.

NATION

Roma verstehen sich als Nation, es gibt eine Flagge und eine Hymne. Romnja, Roma und Romani-Kinder leben in jedem Land Europas, viele in Südosteuropa. Als Romni oder Rom hat man in der Regel die Staatsbürgerschaft des Landes, in dem man wohnt.

WURZELN

Zwischen dem 6. und 11. Jahrhundert sind die Vorfahren heutiger Roma aus Indien ausgewandert. Von dort stammt auch die Sprache, Romanes oder Romani genannt. Sie wurde lange Zeit nur mündlich überliefert. Heute gibt es zahlreiche Dialekte.

ANFEINDUNG

Über Jahrhunderte mussten Roma
mit Anfeindung und Diskriminierung
leben. Seit dem Mittelalter zwangen
Nicht-Roma die Menschen, als Sklaven
zu arbeiten. Einige verteufelten sie als
Spione der Türken und verbannten sie.
In Deutschland durften Nicht-Roma
die Männer und Frauen jagen, als wären
sie Tiere. Zum Teil ließen Regierungen
die Frauen sterilisieren, damit sie keine
Kinder mehr bekommen konnten. Im
Zweiten Weltkrieg haben die Nazis in
Deutschland Sinti und Roma systema-
tisch getötet, rund eine halbe Million
Menschen wurden ermordet. Das wurde
erst 1982 als Völkermord anerkannt.

HEUTE

Auch heute erleben viele Romnja und
Roma in ihrem Alltag Rassismus. In
einigen Ländern Südosteuropas kommt
es vor, dass Schulen Romani-Kinder in
extra Klassen stecken, getrennt von
Nicht-Romani-Kindern. Einige Städte
haben zeitweise Mauern um Roma-
Siedlungen gebaut. Doch auch in Gesellschaften, die nicht so offen rassistisch
handeln, sind Vorurteile gegen Roma verbreitet – und es gibt nur wenig Wissen.

Rom oder Romni
bedeutet auch: Mensch.

Mit welchen Mitteln Staaten ihre Grenzen rüsten

Mindestens 13.000 Menschen sind von 2014 bis 2017 im Mittelmeer verschwunden oder ertrunken.

CO_2

1.000–1.200 km

Mauern & Zäune haben Staaten der EU & des Schengen-raums bis Ende 2017 an ihren Grenzen gebaut.

Kein Fluss ist internationaler

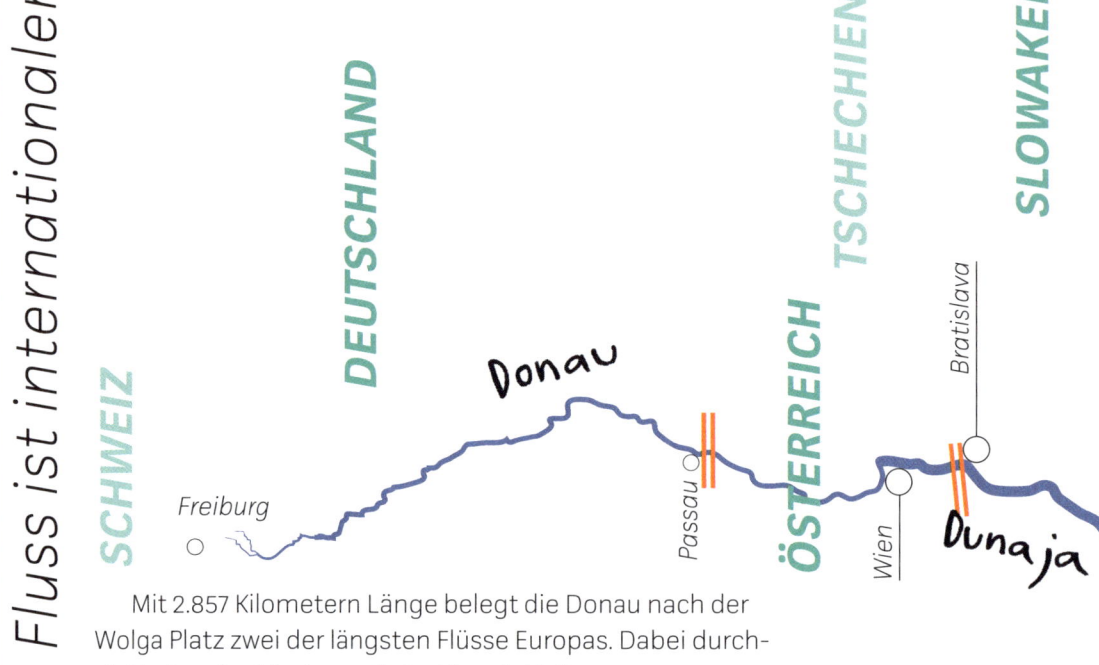

SCHWEIZ

DEUTSCHLAND

TSCHECHIEN

SLOWAKEI

ÖSTERREICH

Donau

Freiburg

Passau

Wien

Bratislava

Dunaja

SLOWENIEN

BOSNIEN UND HERZEGOWINA

Mit 2.857 Kilometern Länge belegt die Donau nach der Wolga Platz zwei der längsten Flüsse Europas. Dabei durchzieht sie zehn Länder und vier Hauptstädte.

Donauländer nutzen den Fluss für ihre Wasserversorgung, als Energiequelle, für Fischerei, Tourismus und die Industrie. All dies bedeutet für den Fluss auch eine Gefahr: Auf mehr als der Hälfte ihrer Länge hat der Mensch die Donau umgebaut, etwa indem er den Fluss begradigt hat oder Schleusen einbaute. Rund 80 % ihrer Zuflüsse gelten als ökologisch in keinem guten Zustand. So werden jedes Jahr mehr als 500.000 Tonnen Stickstoff aus Landwirtschaft, Industrie und Abwässern in die Donau geschwemmt, sie ist zudem mit tonnenweise Mikroplastik belastet, auch Schwermetalle und andere gefährliche Stoffe machen ihr Wasser an vielen Stellen zu einer ungesunden Brühe – die innerhalb kürzester Zeit über viele Grenzen fließt.

Ihr Ursprung liegt im Schwarzwald in Deutschland, wo die Flüsschen Breg und Brigach nahe Donaueschingen zusammenfließen. Weiter flussabwärts speisen zahlreiche Zuflüsse die Donau mit Wasser aus den Alpen und machen sie zu einer Hauptschlagader Europas. Als Handelsweg verbindet die Donau das Schwarze Meer im Osten mit Industriezentren Westeuropas, über Kanäle können Schiffe in den Rhein bis zum Hafen von Rotterdam und weiter in die Nordsee fahren.

UNGARN

KROATIEN

MONTENEGRO

SERBIEN

Budapest

Duna

Belgrad

Dunav

RUMÄNIEN

BULGARIEN

Dunărea

Dunav

MOLDAU

UKRAINE

Galati

Dunay

SCHWARZES MEER

Auslandserfahrungen für Millionen Menschen

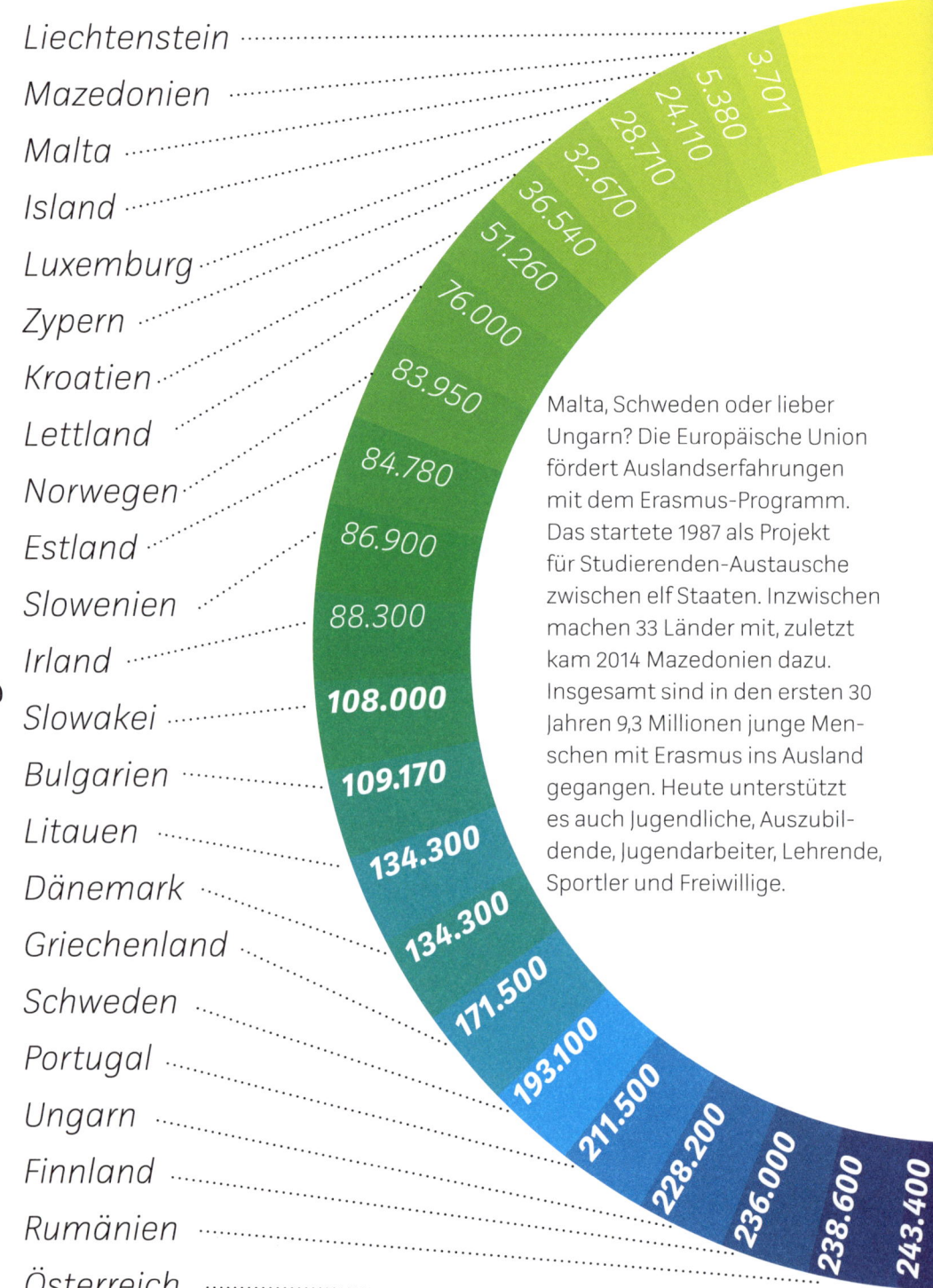

Liechtenstein 3.701
Mazedonien 5.380
Malta 24.110
Island 28.710
Luxemburg 32.670
Zypern 36.540
Kroatien 51.260
Lettland 76.000
Norwegen 83.950
Estland 84.780
Slowenien 86.900
Irland 88.300
Slowakei 108.000
Bulgarien 109.170
Litauen 134.300
Dänemark 134.300
Griechenland 171.500
Schweden 193.100
Portugal 211.500
Ungarn 228.200
Finnland 236.000
Rumänien 238.600
Österreich 243.400

Malta, Schweden oder lieber Ungarn? Die Europäische Union fördert Auslandserfahrungen mit dem Erasmus-Programm. Das startete 1987 als Projekt für Studierenden-Austausche zwischen elf Staaten. Inzwischen machen 33 Länder mit, zuletzt kam 2014 Mazedonien dazu. Insgesamt sind in den ersten 30 Jahren 9,3 Millionen junge Menschen mit Erasmus ins Ausland gegangen. Heute unterstützt es auch Jugendliche, Auszubildende, Jugendarbeiter, Lehrende, Sportler und Freiwillige.

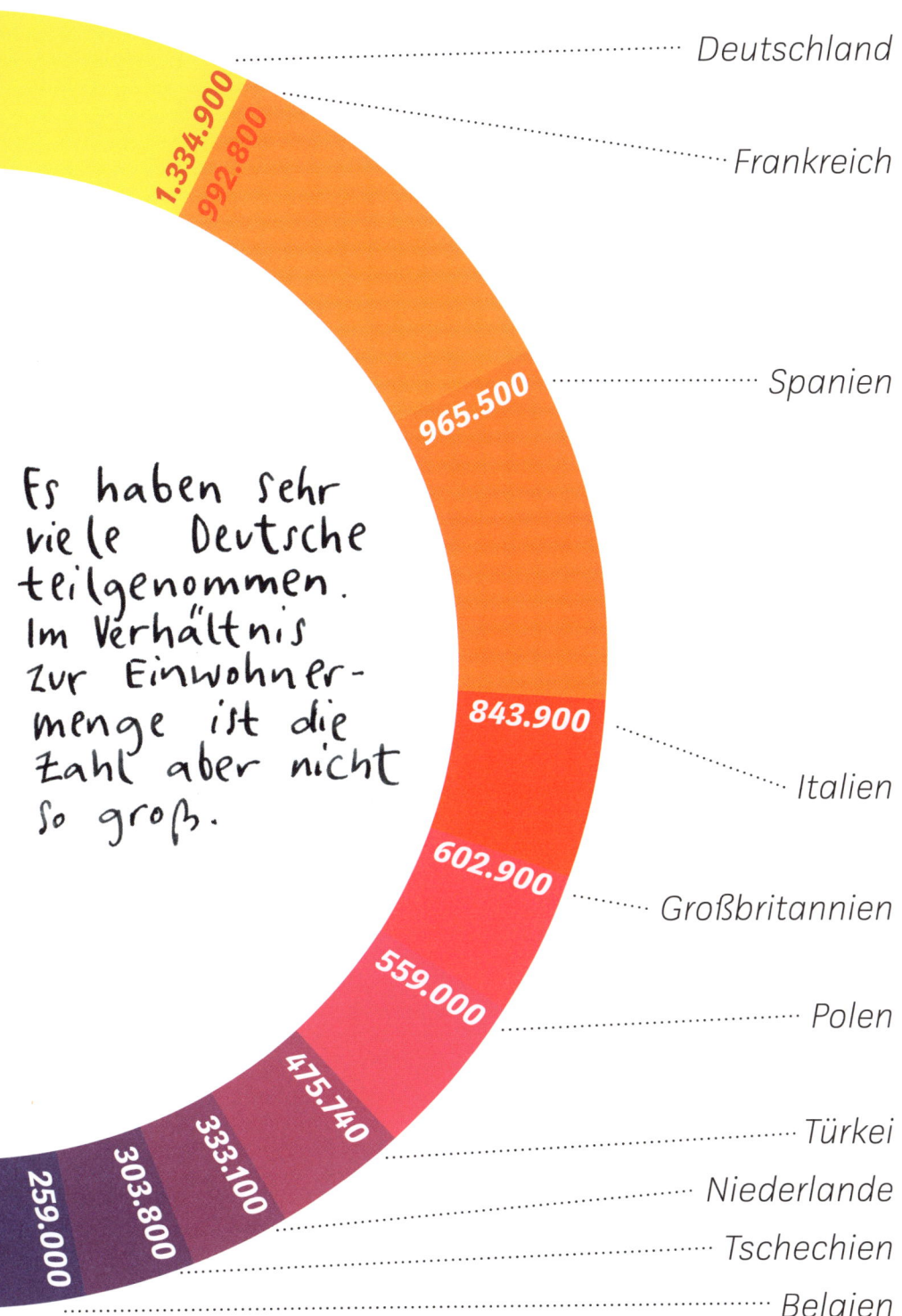

1.334.900 — Deutschland

992.800 — Frankreich

965.500 — Spanien

843.900 — Italien

602.900 — Großbritannien

559.000 — Polen

475.740 — Türkei

333.100 — Niederlande

303.800 — Tschechien

259.000 — Belgien

Es haben sehr viele Deutsche teilgenommen. Im Verhältnis zur Einwohnermenge ist die Zahl aber nicht so groß.

Das Wort „Erde" in verschiedenen Sprachen

Welche Alphabete
kannst du lesen?

JÖRÐIN

JÖRÐIN

EANA

EDNAM

EATNEME

JORDEN/
JORDA

JUORD

JORDEN

JORDEN

AN TALAMH

YIRD

EARTH

JARD

EER/EERD

ZEMIA

AN DOMHAN

Y DDAEAR

IERDE

AARDE

ERDE

ZEMJA

EERD

DAEGNE

ÄÄD

NORVYS

TIÈRE

ÄERD

ERD

ZEMĚ

TÈRRE

EADN

ERDE

ERDE

DOUAR

TERRE

ERDE

ERDE

TERRA

TYERRA

TIERE

TÈRRA

TÈRA

TERA

ZEMLJA

TÈRA

TÈRA

TÈRRA

TÆRA

ZEMLJA

TÈRRA

TÈRRA

TERRA

TERRA

LURRA

TIERRA

TERRA

TERRA

TIERRA

TERRA

TERRA

TERRA

TERRA

TERRA

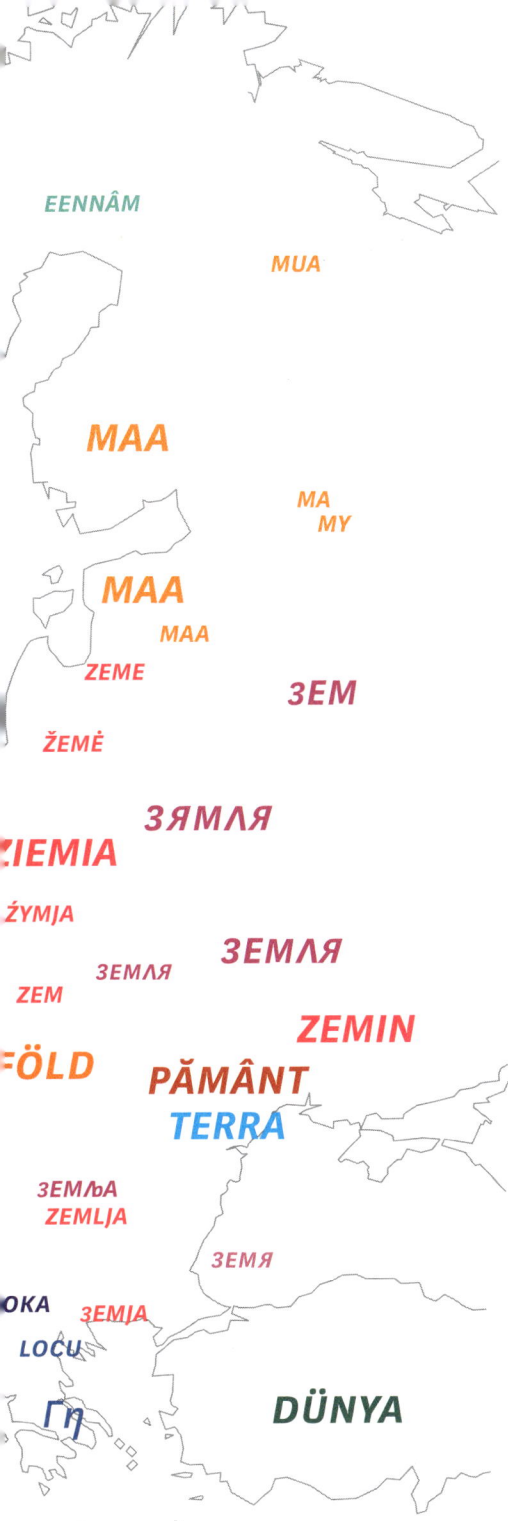

EENNÂM

MUA

MAA

MA
MY

MAA

MAA

ZEME

ЗЕМ

ŽEMĖ

ЗЯМЛЯ

ZIEMIA

ŹYMJA

ЗЕМЛЯ

ЗЕМЛЯ

ZEM

ZEMIN

FÖLD

PĂMÂNT

TERRA

ЗЕМЉА
ZEMLJA

ЗЕМЯ

OKA

ЗЕМJA

LOCU

Γη

DÜNYA

150 bis 288 Sprachen gibt es in Europa, je nachdem, wer wie zählt. Die großen Unterschiede der Zahlen kommen unter anderem dadurch zustande, dass es keine einheitliche Festlegung gibt, wo die Grenze zwischen Dialekt und eigenständiger Sprache verläuft. 288 Sprachen: Das klingt viel, aber verglichen mit anderen Teilen der Welt ist Europa der sprachärmste Kontinent. In Afrika allein werden mehr als 2.000 Sprachen gezählt!

Die allermeisten europäischen Sprachen zählen zur indoeuropäischen Sprachfamilie, die sich wie ein Sprachstammbaum weit verzweigt. Es gibt zum Beispiel die dicken Äste Slawisch, Germanisch, Romanisch, Keltisch, Indo-Iranisch und Baltisch, die sich jeweils wieder aufteilen in mehrere Sprachen, aber auch Einzelsprachen wie Griechisch und Albanisch. Zu den germanischen Sprachen zählen unter anderem Deutsch, Dänisch, Schwedisch, Friesisch und Englisch. Unter den slawischen Sprachen sind beispielsweise Russisch, Polnisch, Tschechisch und Sorbisch. Französisch, Italienisch und Spanisch sind romanische Sprachen.

Die Menschen in Europa nutzen drei unterschiedliche Alphabete: lateinisch, griechisch, kyrillisch. Interessanterweise gibt es ein paar Zeichen, die alle drei Grundalphabete kennen – die allerdings zum Teil für unterschiedliche Laute stehen. Das X lesen Russen als kehligen Ch-Laut. Bei den Griechen kann es ähnlich klingen oder für ein Ch wie in „ich" stehen.

Die Farben kennzeichnen einen
gemeinsamen Wortursprung, drei Beispiele:
BLAU *vom lateinischen Wort „terra"*
LILA *vom proto-balto-slawischen Wort „źemē"*
TÜRKIS *vom proto-germanischen Wort „erpo"*

MANTI
Mit Hackfleisch gefüllte Teigtaschen
Werden auch türkische Ravioli genannt.

TABULEH
Salat aus Petersilie, Couscous, Minze, Paprika
Wird manchmal als türkisch bezeichnet. Kam ursprünglich aus dem Nahen Osten nach Europa – und von hier auch in die Türkei, wo es heute sehr beliebt ist.

LAHMACUN
Fladenbrot aus Hefeteig mit Hackfleisch
Gibt es in Restaurants oder auf die Hand am Imbiss.

IÇLI KÖFTE
Gefüllte Bulgurbällchen

Die Türkei und die EU verbindet eine spezielle On-Off-Beziehung. Doch jenseits aller politischen Verstrickungen leben Menschen mit türkischen Wurzeln überall in Europa. Einflüsse aus ihrer Kochkunst finden sich heute in vielen Küchen und Restaurants. Oft lässt sich die Frage, wer eine Speise erfunden hat, gar nicht so genau beantworten.

İMAM BAYILDI*

Gefüllte Auberginen

Das Gericht gilt als türkisch, manche sagen auch, es
komme ursprünglich aus Griechenland.

*heißt:
„Der Imam fiel
in Ohnmacht".

Für unser Essen

Geschätzte Tier-
zahlen in der EU

4.500.000.000

Ein Grillhähnchen
lebt im Schnitt
30 Tage.

340.000.000

88.000.000

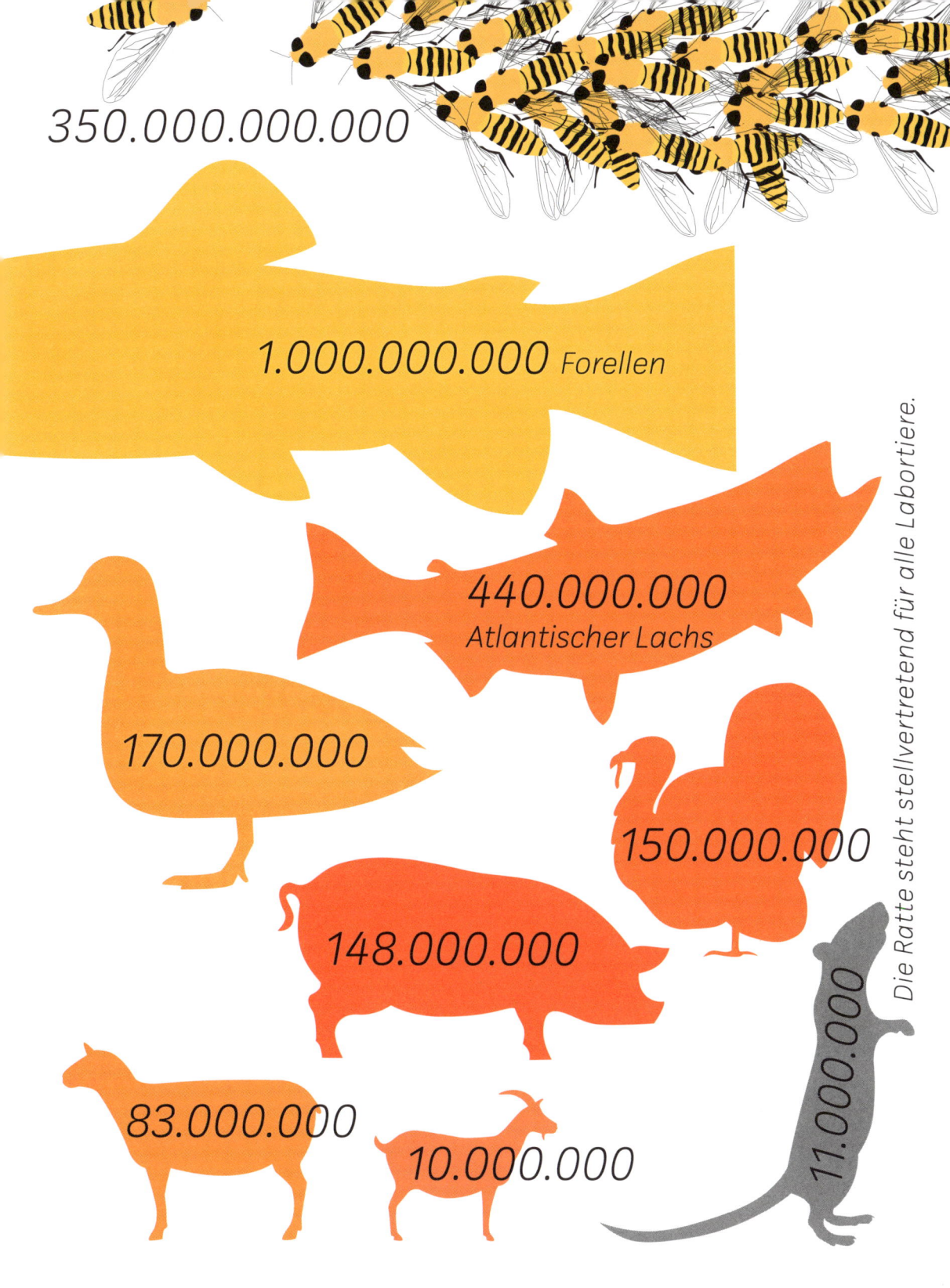

350.000.000.000

1.000.000.000 *Forellen*

440.000.000
Atlantischer Lachs

170.000.000

150.000.000

148.000.000

83.000.000

10.000.000

11.000.000

Die Ratte steht stellvertretend für alle Labortiere.

Als Freunde & Begleiter

Geschätzte Haustier-zahlen in der EU

In 80 Millionen europäischen Haushalten leben Haustiere, meist mehr als eines. Interessant ist, dass es bei der Frage: „Hund oder Katze?", nicht nur klare Vorlieben der Menschen gibt. Es zeigen sich sogar Ländertendenzen, so sind Österreich und Frankreich eher „Katzenländer". In Tschechien, Irland, der Slowakei und Spanien halten die Menschen eher Hunde. In Deutschland ist es recht ausgeglichen, mit einem leichten Vorteil für die Katzen.

35.000.000

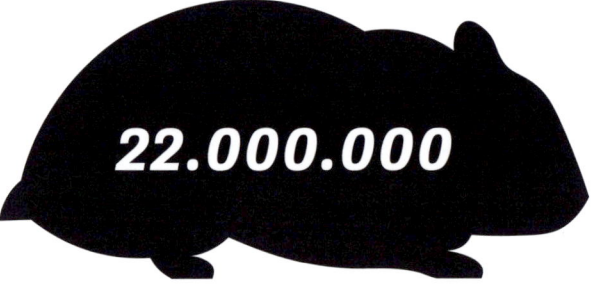

22.000.000

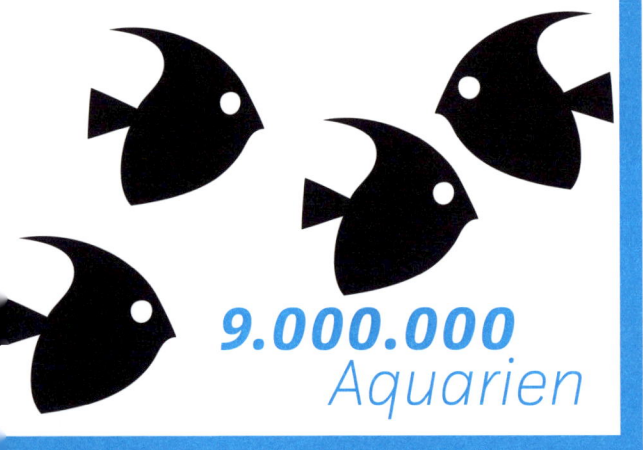

9.000.000
Aquarien

6.000.000

Anteil des Einkommens, der für Kleidung draufgeht

Viele Hundert Milliarden Euro bezahlen die Menschen in Europa jedes Jahr für Kleidung und Schuhe. Wie viel jede und jeder Einzelne ausgibt, hängt natürlich davon ab, wie viel Geld jemand überhaupt im Portemonnaie hat. Hier gibt es riesige Unterschiede zwischen den Staaten: In Ländern wie Luxemburg, Deutschland oder Österreich können sich die Menschen fast drei Mal so viel von ihrem Geld leisten wie in Bulgarien oder Rumänien. Doch unsere Grafik zeigt, dass es auch an persönlichen Entscheidungen liegt. Denn welchen Teil ihres Einkommens Menschen für Klamotten ausgeben, ist in den Ländern trotzdem sehr unterschiedlich.

7,2 %
Türkei

7,0 %
Estland

6,2 %
Portugal

6,1 %
Italien

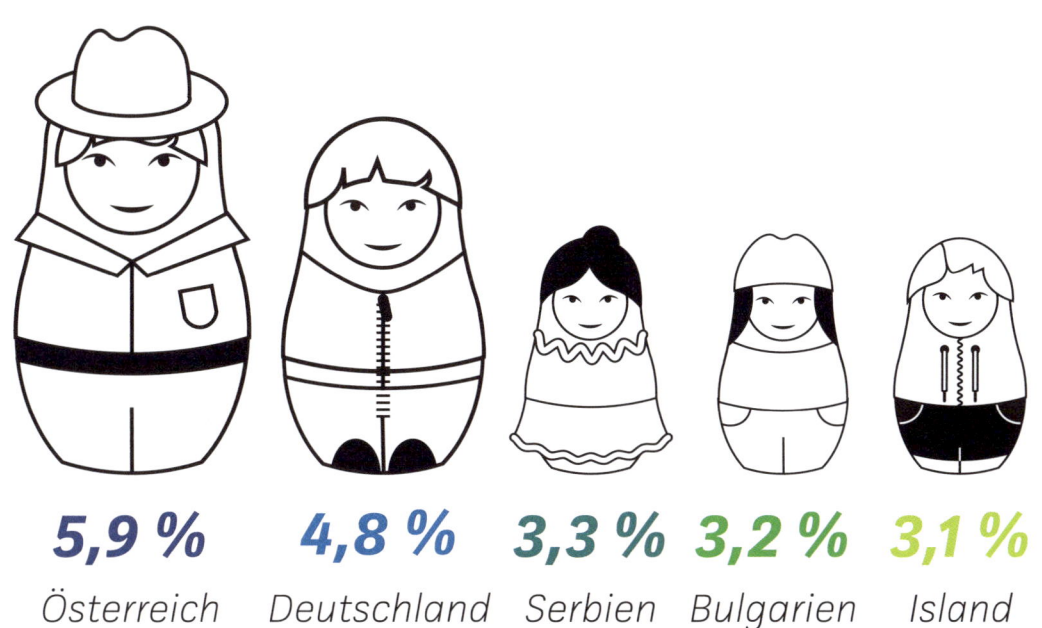

5,9 %
Österreich

4,8 %
Deutschland

3,3 %
Serbien

3,2 %
Bulgarien

3,1 %
Island

60 % der Deutschen
sagen : Ich habe mehr
Kleidung, als ich benötige.

Einige Verzerrungen bei Wikipedia

2018 markierte eine Zeitenwende: Erstmals waren mehr Menschen weltweit online als offline. Die Online-Bevölkerung zählt mehr als 4 Milliarden Menschen! Das bedeutet auch: Zum ersten Mal in der Geschichte bauen wir Menschen gerade ein wirklich globales Kommunikationsnetz auf. Doch die Inhalte darin sind bisher alles andere als global – sondern ziemlich westlich und weiß.

Das zeigt ein Blick auf Wikipedia, eine der meistgenutzten Websites überhaupt. Tagtäglich klicken sich 15 % der Internetuser rein. Damit hat Wikipedia riesigen Einfluss auf unser Wissen über die Welt und darauf, wie wir auf sie blicken. Doch geschrieben wird sie nur von einem kleinen Teil der Menschen, nicht wenige davon sitzen in Europa. 2014 gab es mehr Artikel von Leuten aus den Niederlanden als von Menschen aus dem ganzen afrikanischen Kontinent zusammen! Überhaupt gibt es vergleichsweise wenige Artikel über Afrika. Der Kontinent ist in der Enzyklopädie so gut wie unsichtbar. Und wenn er vorkommt, stammen die Texte zum allergrößten Teil aus der Tastatur von Menschen, die nicht dort leben, sondern die von außen auf Afrika blicken. Das muss nicht schlecht oder falsch sein. Es sind nur: Blicke von außen auf Afrika.

weiß

♂

Wir alle lieben Wikipedia. Aber es gibt einen Haken.

WAS VERBINDET RUSSLAND & EUROPA?

Jahrhunderte vernetzter vernetzter Kultur

Inwiefern gehört Russland zu Europa? Diese Frage wird immer wieder heiß diskutiert – heute und seit mehreren Hundert Jahren. Doch egal, wer sie wie beantwortet: Kulturell und künstlerisch sind beide schon lange aufs Engste vernetzt. Und ohne Russland wäre Europa um vieles ärmer. Wir zeigen als Beispiele acht Persönlichkeiten, zu denen wir je ein Werk nennen.

ЭТО UCKYCTбо !

Ljubow Popowa (1889 – 1924)
Malerin und Grafikerin
„Malerische Architektonik"

Fjodor Dostojewski (1821 – 1881)
Schriftsteller
„Der Idiot"

Leo Tolstoi (1828 – 1910)
Schriftsteller
„Krieg und Frieden"

Natalja Gontscharowa (1881 – 1962)
Malerin und Bühnenbildnerin
„Die blaue Kuh"

Modest Mussorgski (1839 – 1881)
Komponist
„Bilder einer Ausstellung"

Sergej Prokofjew (1891 – 1953)
Komponist
„Peter und der Wolf"

Kasimir Malewitsch (1878 – 1935)
Maler
„Schwarzes Quadrat"

Marc Chagall (1887 – 1985)
Maler
„Der blaue Zirkus"

Ohne Musik wäre Europa um eine
Dimension ärmer. Weil man sie hören
und fühlen muss, gibt es hier Playlists.
Radikal persönlich statt repräsentativ.

The Adicts *Ode To Joy*
Kraftwerk *Trans-Europa Express*
Natacha Atlas *Mistaneek*
Shantel/Imam Baildi *The Streets Where The Kids Have Fun*
Kid Loco *Relaxin' With Cherry*
The Cranberries *Zombie*
David Bowie *Heroes*
Teitur *Rough Around The Edges*
Kate Tempest *Don't Fall In*
Passengers/Luciano Pavarotti *Miss Sarajevo*
Esbjörn Svensson Trio *Eighthundred Streets By Feet*
Sigur Rós *Viðrar Vel Til Loftárása*

Pink Floyd *Another Brick In The Wall*
Mogwai *Coolverine*
Ninze & Okaxy *Constructions*
Monolink *Sirens*
Röyksopp *I Had This Thing*
Hauschka *Radar*
Safri Duo *Supernova*
Käptn Peng *Sockosophie*
Daft Punk *Voyager*
Madredeus *Guitarra*
Björk *Moon*
Arvo Pärt *Für Alina*

Laut aufdrehen!

WO GIBT ES URWALD IN EUROPA?

Einzigartige Wildnis zwischen Polen & Weißrussland

Wie viele Bäume dürfen hier gefällt werden?

Im Naturpark Białowieża existiert der älteste Urwald Europas. Er ist streng geschützt. Hier gibt es unzählige Tier- und Pflanzenarten und 900 frei lebende Wisente.

Huch!

Stell dir vor, du wachst eines Morgens auf, und nichts ist mehr, wie es war. Wie sähe dieses Neue dann aus, wenn du etwas zu sagen hättest? Mal ganz im Ernst: Was wünschst du dir – für dich, für die Menschen, die dir wichtig sind, und die Welt, in der du lebst? Was würde dich glücklich machen? In einem Buch voller Fragen dürfen deine natürlich nicht fehlen. Es sind Fragen, wie wir alle sie uns stellen, vielleicht nicht täglich, aber doch immer mal wieder. Und natürlich haben sie auch etwas mit Europa zu tun. Denn hier leben wir.

Mal ehrlich, die meiste Zeit über nehmen wir das einfach als selbstverständlich hin. Aber das Europa, in dem wir leben, ist nicht zufällig, was es ist. Es ist von Menschen gemacht, von seiner Ausdehnung angefangen bis hin zum letzten Detail, wie die Europäische Union funktioniert. Vom Müll in den Meeren bis hin zum Frieden, der Europa so besonders macht. Und das bedeutet auch: Nichts muss so sein, wie es ist. Menschen können all das verändern.

Es ist etwas in Bewegung

Vielleicht denkst du jetzt an wichtige Leute aus der Politik. Aber es braucht das Mitdenken von möglichst vielen, um die Zukunft zu gestalten. Das gilt auch für so große Gebilde wie unsere Staaten oder die Europäische Gemeinschaft. Tatsächlich gibt es eine Menge Gruppen, in denen Menschen zusammenkommen, um sich einzumischen. Einige gibt es schon seit Jahrzehnten. Aber besonders in letzter Zeit kommen viele Initiativen dazu.

Die großen Einschnitte durch die Finanz- und Schuldenkrise, die Pläne zum Brexit und Europas Zerstrittenheit im Umgang mit hierher geflüchteten Menschen haben etwas in Bewegung gebracht. In vielen Ecken der Union melden sich besonders auch Jugendliche und junge Erwachsene nun lauter zu Wort. Manche tragen ihre Kritik und ihren Protest auf die Straße, andere demonstrieren in Europaflaggen gehüllt, wie viel ihnen die EU bedeutet. Klar: Die Beweggründe und Ziele der Menschen sind unterschiedlich. Es wird viel diskutiert und gestritten. Und so für sich genommen ist das eine wirklich gute Nachricht: Europa und die EU sind im Gespräch – und viele reden mit.

Wie könnte die Gemeinschaft aussehen?

Seit die sechs Gründerstaaten vor Jahrzehnten die Vorgängerorganisation der EU ins Leben riefen, wird darum gerungen, wie die Union aussehen und funktionieren soll. Dabei ging und geht es immer wieder auch um Grundsätzliches. Es existiert eine Reihe von Vorschlägen für einen Umbau der EU. Die „Jungen Europäischen Föderalisten" zum Beispiel machen sich seit Jahren stark dafür, die Gemeinschaft demokratischer zu gestalten. Die Jugendorganisation hat die Vision von den Vereinigten Staaten von Europa. Dabei würden die Nationalstaaten weiterhin zentrale Dinge ihres Landes regeln. Zugleich würden die Bürgerinnen und Bürger eine Europäische Regierung wählen, die sich um die Belange der Gemeinschaft kümmert, etwa um eine gemeinsame Außenpolitik.

Eine andere Idee wird oft als Europa der zwei Geschwindigkeiten bezeichnet. Gemeint ist, dass es in der Gemeinschaft zwei Gruppen gibt: Einige Staaten würden zügig viele Dinge gemeinsam regeln und eine Art Kern der Union bilden. Staaten, denen das zu schnell ginge, könnten langsamer zusammenrücken und erst einmal nur ausgesuchte Bereiche gemeinschaftlich regeln.

Ein drittes Beispiel ist die Vision von Europa als Republik. In diesem Konstrukt wären Nationalstaaten, wie es sie heute gibt, abgeschafft, die Grenzen wären aufgelöst. Menschen würden in ihren Regionen politische Vertretungen wählen – und zusätzlich auch auf europäischer Ebene. Dabei hätte jede Stimme das gleiche Gewicht. Es geht diesem Entwurf darum, Gleichheit zu schaffen: Bürgerinnen und Bürger aller Regionen sollten das gleiche Mitspracherecht haben, gleich laut von ihrer politischen Vertretung in Europa gehört werden und gleiche Chancen für ein gutes Leben haben.

Es fängt im Kleinen an

Das sind nur drei Beispiele, es ist auch ganz anders denkbar. Nichts muss so sein, wie es ist. Aber wie dann? Es ist wichtig, dass möglichst viele mitdenken, wenn es um solche Zukunftsfragen geht. Dass wir alle uns informieren, kritisch nachfragen und mit anderen über solche Dinge ins Gespräch kommen. Für all das muss man kein Politik-Profi sein, und es muss natürlich nicht immer gleich ein Umbau der EU geplant werden. Jede und jeder kann im Kleinen anfangen, die Welt mitzugestalten. Zum Beispiel im eigenen Ort, direkt vor der Haustür. Und am besten gemeinsam mit Verbündeten.

Europa ist, was wir draus machen!

Superkontinent in ferner Zukunft

Washington, D.C. ○
San Francisco ○

Kinshasa ○

○ Kapstadt

Mexiko-Stadt ○

kennst du das?
Mit Abstand wird das,
was uns groß und wichtig
erscheint, plötzlich
nichtig und klein.

Erdbeben und Vulkanausbrüche machen es spürbar: Die Erdkruste ist in ständiger Bewegung. Platten driften auseinander und krachen anderswo zusammen, wobei Teile der Kruste absinken und sich anderswo neue bildet. Dabei wachsen oder schrumpfen Ozeane, Kontinente rücken auseinander oder näher zusammen, Gebirge erheben sich. Seit Urzeiten geht das so. Und weil Wissenschaftlerinnen und Wissenschaftler die Dynamik heute messen können und eine Vorstellung davon haben, wie die Landmassen sich über viele Millionen Jahre bis heute bewegt haben, können sie auch in die andere Richtung hochrechnen – und Vorhersagen für die Zukunft treffen.

Berlin

Madrid

Kairo

Moskau

Katmandu

Peking

Tokio

Buenos Aires

Canberra

Vielen Modellen zufolge wird unsere Erde in ferner Zukunft wieder ganz ähnlich aussehen wie vor 200 Millionen Jahren schon einmal. Damals stapften die ersten Dinosaurier über den Super-kontinent Pangäa. Eine ähnliche zusam-menhängende Landmasse prognosti-zieren viele Modelle für die Zeit in 200 bis 300 Millionen Jahren. Das Mittelmeer wird verschwunden sein, vom Atlantik nur ein großer See übrig bleiben und neue Gebirge werden hoch aufragen. Lebewesen (Menschen wird es ziemlich sicher nicht mehr geben) könnten dann problemlos zu Fuß vom Südzipfel des heutigen Afrika bis nach Skandinavien gelangen. Und die Frage wird sein: Europa? Welches Europa?!

5 WO HATTEN EUROPÄISCHE STAATEN KOLONIEN? *Über 500 Jahre unterwarfen die Europäer einen Großteil der Welt ihrer Herrschaft. Lange Zeit war es normal, dass jemand kam, eine Flagge in den Boden rammte und das Gebiet für seinen Staat beanspruchte. Europäische Staaten kolonisierten so gut wie jedes Land auf der Welt – mitsamt der Menschen, die sie dort antrafen. Die Europäer hielten sich für überlegen, sie blickten auf „die Fremden" herab und sahen sich als diejenigen, die „die Zivilisation" und den Fortschritt in Gesellschaften brachten, die in ihren Augen rückständig waren. Häufig bauten sie die Kolonien nach europäischem Vorbild um, wobei auch Strukturen der Rechtsprechung, Bildung und Regierung aus Europa eingeführt wurden. Zugleich veränderte der Kolonialismus Europa. Er brachte dem Kontinent großen Reichtum und schob die Entwicklung neuer Technologien an. Ob Dampfschifffahrt, Telegrafie und Telefonie oder Linienflugverkehr: All diese Erfindungen hingen eng mit dem Bedarf zusammen, Verbindung in entfernte Teile der Welt zu halten. Viele unserer heutigen Hafenstädte sind in dieser Zeit groß und bedeutend geworden. Es wuchsen enge Verflechtungen zwischen den Kolonien und Europa – mit regem Handel zwischen den Weltteilen, mit der Wanderung vieler Menschen, mit vielfachen kulturellen Wechselwirkungen. Es war der Beginn eines Prozesses, den wir heute Globalisierung nennen. Der Kolonialismus hat die Welt entscheidend verändert und ist tief in die Geschichte vieler Gesellschaften eingeschrieben. Man kann die Welt von heute, inklusive vieler Krisen und Umbrüche, nur verstehen, wenn man um diese Zeit weiß.*

6 WO FÄNGT EUROPA AN, WO HÖRT ES AUF? *Strahlenberg-Linie: So wird die heute gängige Definition der Ostgrenze Europas genannt. Sie folgte ursprünglich dem Ural-Gebirge und dem Obschtschi-Syrt-Gebirge, dann der Wolga und dem unteren Don und endete mit diesem am Asowschen Meer. Für den südlichen Bereich der Grenze zwischen Europa und Asien setzten sich später als Grenzmarken der Ural-Fluss, ein Stück Westküste des Kaspischen Meeres und die Niederung des Manytsch-Flusses durch, alternativ der Kaukasus.*

Es ist spannend zu sehen, wie diese Grenzziehung entstand, denn es erzählt eine Menge darüber, wie eng die scheinbar reine Wissenschaft der Geografie mit der Politik verwoben sein kann: Anfang des 18. Jahrhunderts arbeitete der russische Zar Peter I. daran, sein Reich weiter an Europa zu binden. Er beauftragte den schwedischen Geografen Philipp Johann von Strahlenberg, der damals in russischer Kriegsgefangenschaft saß, die Ostgrenze Europas neu zu vermessen. Strahlenbergs Linienziehung verortete einen Teil Russlands in Europa, den anderen in Asien. Sie übersetzte des Zaren politisches Ziel in Geografie.

12 WO SCHEINT DIE SONNE AM MEISTEN?

Wir wissen nur, was gemessen wird. Es kann gut sein, dass es Orte gibt, an denen die Sonne noch mehr scheint. Doch wenn dort keine Messstation eines Wetterdienstes steht, weiß das eben niemand. Wer mag, kann sich zum Beispiel beim Deutschen Wetterdienst für viele Orte auf der ganzen Welt die Sonnenscheindauer online heraussuchen. Für viele Orte finden sich dort auch Zahlen zu Niederschlägen, Höchst- und Niedrigsttemperaturen und Luftfeuchtigkeit. Wir geben den Link zur entsprechenden Internetseite des Deutschen Wetterdienstes auf der Website zum Buch an.

15 WER LERNT WELCHE SPRACHEN?

Die Europäische Union zählt derzeit 24 Amtssprachen. Sie hat den Anspruch, ihren Bürgerinnen und Bürgern wichtige Vorgänge in der Gemeinschaft leicht verständlich zu machen. So soll jeder einen Brief an die EU schreiben können und Antwort in seiner Amtssprache erhalten. Alle wichtigen Dokumente werden in jede dieser 24 Sprachen übersetzt, und bei großen Konferenzen stellen unzählige Dolmetscher sicher, dass alle Leute in ihrer Muttersprache sprechen können und trotzdem von allen verstanden werden.

23 WIE FRIEDLICH SIND DIE GESELL-

SCHAFTEN? Der Positive Peace Index 2018 stellt Europa ein gemischtes Zeugnis aus: Während viele Staaten des politischen Europas (EU plus assoziierte Länder; Länder wie die Türkei oder die Ukraine fallen nicht in diese Gruppe, hierzu finden sich eigene Daten in dem Report) weiterhin an der Spitze des Rankings zu finden sind, haben sich zugleich 17 der 36 Länder seit 2005 verschlechtert. Die acht Kategorien des Reports sind recht wissenschaftlich-abstrakt formuliert, wir haben sie für unsere Grafik in verständliche Kurzaussagen übersetzt. Der erste von drei Bereichen, in denen Europa sich verschlechtert hat: „Die Medien sind frei & informieren die Menschen gut". Vor allem in Ungarn und Griechenland ist das schlechter geworden. Die Staaten haben die Pressefreiheit dem Bericht zufolge stark eingeschränkt. Ein Befund, zu dem auch die Nichtregierungsorganisation (NGO) Reporter ohne Grenzen kommt. An zweiter Stelle folgt eine Verschlechterung in Sachen Korruption, bei uns heißt das „Es gibt wenig Bestechung". Auch hier ist Ungarn ein prominentes Beispiel. Berichten der NGO Transparency International zufolge hat die regierende Partei Stiftungen gegründet und Steuergesetze erlassen, mit deren Hilfe ihr öffentliche Gelder zufließen können. Auch dass „Alle Menschen gleiche Rechte haben und alle das respektieren", ist nicht mehr in allen Staaten Europas unbedingt gesichert. Der „Positive Peace Report" verweist auf die wachsende Zustimmung für populistische Parteien und deren Programmatik – ein Phänomen, das unter anderem in Deutschland, Finnland, Frankreich, Österreich, den Niederlanden, Großbritannien und Schweden zu beobachten ist.

27 WIE KANN FAMILIE AUSSEHEN? Heute gibt es eine enorme Vielfalt an Definitionen und Sichtweisen darauf, was Familie sein kann. Klar ist: Die Vater-Mutter-Kind(er)-Variante ist nur eine davon und sie verliert vor allem in westlichen Gesellschaften zunehmend an Bedeutung. Andere Formen des Zusammenlebens nehmen zu. Das hängt unter anderem mit einem wachsenden Wohlstand und einer voranschreitenden Gleichstellung von Männern und Frauen zusammen. Außerdem bröckelt die zuvor verbreitete Norm, nach der erwachsene Menschen idealerweise in Mann-Frau-Kind-Beziehungen leben sollten. Anders zu leben ist damit viel leichter denkbar und möglich. Den Vereinten Nationen zufolge werden fünf Arten des Zusammenlebens in Zukunft eine größere Rolle spielen: 1) Patchwork-familien, in denen Paare mit Kindern zusammenleben, wobei mindestens ein Kind aus einer früheren Beziehung stammt, 2) Pendlerhaushalte, in denen Erwachsene oder Kinder leben, die noch regelmäßig in einem anderen Zuhause wohnen, 3) Paare, die zusammen sind, aber getrennt wohnen, da sie sich bewusst gegen einen gemeinsamen Haushalt entschieden haben, 4) gleichgeschlechtliche Partnerschaften und 5) enge soziale Netze, deren Mitglieder nicht notwendigerweise in einem Haushalt wohnen. Das können zum Beispiel Kinder sein, die als Jugendliche oder Erwachsene ganz in der Nähe ihrer Eltern wohnen – oder umgekehrt.

Für gleichgeschlechtliche Paare – oder, noch weiter gefasst, LGBTI-Menschen (das Kürzel steht für die Englischen Wörter lesbian, gay, bi-sexual, transgender und intersexual) – ist die Lage in der EU vielschichtig und hängt sehr davon ab, in welchem Teil der EU sie leben. Eigentlich sollten die Grundrechte, nach denen alle Menschen gleich sind und niemand aufgrund seiner sexuellen Orientierung diskriminiert werden darf, überall gelten. Doch im Alltag erlebt fast die Hälfte der LGBTI-Menschen Diskriminierung. 2012 berichtete in einer großen Umfrage der EU ein Viertel der Befragten sogar von direkter Gewalt und Angriffen in den zurückliegenden fünf Jahren. Aktuellere Daten lagen Ende 2018 nicht vor, die EU bereitete eine aktuelle Umfrage vor.

Auf der rechtlichen Seite ist in vielen Staaten einiges in Bewegung. Immer mehr EU-Länder ermöglichen es Homosexuellen, zu heiraten oder andere rechtlich verbriefte feste Partnerschaften einzugehen. (2018 gab es die Ehe für gleichgeschlecht-liche Paare innerhalb der EU in den Niederlanden, Belgien, Spanien, Schweden, Portugal, Dänemark, Frank-reich, Großbritannien, Luxemburg, Irland, Finnland, Malta und Deutsch-land. In Slowenien, Estland und Italien waren gleichgeschlechtliche Partnerschaften zu dem Zeitpunkt Ehen gleichgestellt. Sechs Länder hatten keine legale Anerkennung für homosexuelle Paare: Bulgarien, Lettland, Litauen, Polen, Rumänien und die Slowakei.) Die Bestimmungen zur Adoption von Kindern sind sehr unterschiedlich, weshalb wir sie hier nicht ausführen. Doch es gab auch Gesetzesvorstöße, die LGBTI-Menschen diskriminieren würden: So wurden in Litauen, Lettland und Bulgarien Gesetze vorbereitet, die es verbieten sollten, in der Öffentlichkeit „nicht traditionelle Beziehungen zu bewerben". In der Praxis wäre es damit möglicherweise strafbar, dass Homosexuelle auch nur Händchen halten.

31 WER KAM WANN IN DIE EU? Die Europäische Union war von Anfang an als wachsende Gemeinschaft gedacht. Grundsätzlich kann jeder europäische Staat aufgenommen werden, der die demokratischen Werte achtet und sie fördert. Folgende Bedingungen stellt die EU: Achtung der Menschenwürde, Freiheit, Demokratie, Gleichheit, Rechtsstaatlichkeit und die Wahrung der Menschenreche – auch für Minderheiten. Außerdem müssen die Staaten stabile politische Institutionen haben, die die EU-Werte tragen und umsetzen. Sie müssen eine funktionierende Marktwirtschaft vorweisen, die dem Wettbewerb in der EU standhalten kann, und sie müssen nachweisen, dass sie die Verpflichtungen seitens der EU übernehmen können und deren Ziele verfolgen, politisch sowie auch hinsichtlich Wirtschaft und Währung.

Das Aufnahmeprozedere dauert in der Regel viele Jahre und erfolgt in diesen Schritten: Antrag, Heranführung, Beitrittsverhandlungen, Beitrittsvertrag. Ob und wann die Schritte erfolgen, entscheidet die EU – und zwar jeden einzelnen Schritt einstimmig. Das bedeutet: Jedes EU-Mitglied hat ein Veto und kann den Beitrittsprozess komplett stoppen. Es wird immer wieder diskutiert, ob solche Verfahren geändert werden sollten und etwa Mehrheitsentscheidungen möglich sein sollten. Auch das Land, das beitreten will, kann den Prozess stoppen. So hat es etwa Island gemacht: Der Staat beantragte 2009 den Beitritt, nach einem Regierungswechsel bat die neue Regierung jedoch 2013 darum, das Verfahren auszusetzen.

Auch die Dauer des Verfahrens ist sehr unterschiedlich. Als Marokko 1987 einen Antrag auf EU-Mitgliedschaft stellte, wurde dieser schnell abgelehnt. Kroatien, das 2013 EU-Mitglied wurde, hatte seinen Antrag zehn Jahre zuvor gestellt. Besonders lange dauert das Verfahren mit der Türkei, deren Aufnahme insgesamt extrem umstritten ist: Die Türkei stellte 1987 den Antrag, 1999 wurde sie Beitrittskandidat, 2005 starteten die Verhandlungen. Doch in den folgenden zwölf Jahren wurde von 35 Verhandlungskapiteln nur ein einziges geschlossen: Es ist das Kapitel zu Wissenschaft und Forschung.

32 WER HATTE DIE IDEE FÜR DIE EU? Die Gemeinschaft wurde von Menschen erdacht und geschaffen. Unser Comic zeigt einige von ihnen und Meilensteine in der Geschichte der EU. Die Idee für ein Vereintes Europa gab es schon lange vor dem Beginn unserer Bildgeschichte. Nach dem Ersten Weltkrieg griffen einige Menschen diese Ideen auf und machten sich für sie stark. Doch erst die Katastrophe des Zweiten Weltkrieges brachte wirklich Schwung in die Sache. Und hier beginnt unser Comic.

1946 Schon während des Krieges dachte der britische Premierminister Winston Churchill (der mit Hut und Zigarre) laut über ein Vereintes Europa nach und besprach es mit Vertrauten. 1946 dann führte er dies auf einer viel beachteten Rede vor Studierenden in der Schweiz genauer aus: „Wir müssen eine Art Vereinigter Staaten von Europa errichten", sagte er. Die Führungsrolle sollten Frankreich und Deutschland übernehmen. Letzteres war damals für viele undenkbar: Deutschland trug die Hauptschuld am Krieg, Frankreich und Deutschland waren tief verfeindet.

1950 Ganz ähnlich dachte auch Jean Monnet (im Bild mit Schnauzer und prominenten Augenbrauen), ein französischer Wirtschaftsberater, der zu einem der Väter der EU werden sollte. Er hatte schon zum Ende des Krieges Pläne entwickelt, nach denen Frankreich in einer Partnerschaft mit Deutschland zu wirtschaftlicher Stärke kommen sollte. 1950 schrieb er ein Geheimkonzept für den französischen Außenminister Robert Schuman (im Bild mit Hut). Es enthielt zwei Kernthesen: Zum einen sollten die kriegswichtigen Industrien der Kohle- und Stahlwirtschaft einer gemeinschaftlichen Kontrolle unterstellt

werden. So werde es unmöglich, dass Länder unbemerkt von den anderen aufrüsten, die Kriegsgefahr werde vermindert. Auf der anderen Seite sei dies auch der erste Schritt zu wirtschaftlicher Entwicklung für die Staaten. Schuman setzte sich mit diesem Plan durch.

1951/52 entstand die Europäische Gemeinschaft für Kohle und Stahl, auch Montanunion genannt. In ihr gaben sechs Staaten ihre Kohle- und Stahlindustrie unter gemeinsame Kontrolle: Frankreich, Deutschland, Belgien, Niederlande, Luxemburg und Italien. Jean Monnet wurde ihr erster Präsident. Die Montanunion gilt heute als Geburtsstunde der EU.

In den Folgejahren verhandelten die sechs Staaten immer wieder über eine weiterführende Wirtschaftsgemeinschaft. Es ging unter anderem um eine Zollunion und die gemeinsame Förderung der Atomindustrien. Die Gespräche waren schwierig und drohten immer wieder zu scheitern.

1957 kam es zur Einigung, auch weil der deutsche Bundeskanzler Konrad Adenauer (im Bild mit Stock) meinte, der Zeitpunkt sei ideal – und sich mit dem französischen Ministerpräsidenten Guy Mollet auf Kernpunkte einigte, was die Blockade löste. Der Weg zur Europäischen Wirtschaftsgemeinschaft, kurz EWG, war frei. 1957 besiegelten die sechs Staaten sie mit den Römischen Verträgen, die 1958 in Kraft traten. Adenauer und dem französischen Präsidenten Charles de Gaulle gelang in den Folgejahren die Aussöhnung der ehemaligen

Erzfeinde Frankreich und Deutschland.
1992 Unter Helmut Kohl, der ab 1982
Bundeskanzler war (in unserem Bild
der große Mann), wurde diese erneut
in Hinblick auf Europa wichtig. Denn
die Gespräche von Bundeskanzler
Kohl und dem französischen Präsidenten François Mitterrand waren mit
entscheidend für die nächsten großen
Schritte der Gemeinschaft. Weil es das
berühmteste Bild der beiden zusammen ist, zeigen wir sie Hand in Hand.
So hatten sie 1984 in Verdun der Opfer
des Ersten Weltkrieges gedacht. 1992
gab es so innige Bilder eigentlich nicht.
Mit dem Vertrag von Maastricht 1992
gründeten zwölf Staaten die Europäische Union. 1993 trat er in Kraft –
und nun hieß die EU auch genau so.
Aus dem bis dahin vorrangig wirt-
schaftlich begründeten Bündnis
sollte künftig mehr eine politische
Union werden. Neben dem gemeinsamen Binnenmarkt wurden eine
gemeinsame Außen- und Sicherheits-
politik und eine weitere Zusammen-
arbeit in den Bereichen Justiz und
Inneres angestrebt. Außerdem legte
der Vertrag den Weg zur Einführung
der Gemeinschaftswährung Euro
fest. Sie wurde im Januar 2002
gesetzliches Zahlungsmittel in
zunächst zwölf Ländern.

**33 WEN RUFE ICH AN, UM DIE EU ZU
SPRECHEN?** Die Frage für die Seite
haben wir uns von Henry Kissinger
abgeschaut, der in den 70er-Jahren
Außenminister der USA war. Ihm wird
die Frage zugeschrieben: „Who do I
call if I want to call Europe?" Vielleicht

hat er das so nie wirklich gesagt, wir
fanden die Frage trotzdem gut als
Einleitung zu unserem Überblick dazu,
wer in der EU eigentlich was macht.

**34 WAS TUN GEGEN JUGENDARBEITS-
LOSIGKEIT?** Auch in Nicht-Krisenjahren
waren junge Erwachsene zwischen 15
und 24 Jahren in der EU in der Regel
stärker von Arbeitslosigkeit betroffen
als ältere Menschen. Jedoch ver-
schärfte sich dies mit der Finanz- und
Schuldenkrise ab 2008 dramatisch.
Dabei waren die Mitgliedsstaaten
unterschiedlich stark betroffen.
Höchstwerte erreichten Griechenland
und Spanien in den Jahren 2012 bis
2014 mit mehr als 50 %. Insgesamt
waren in der EU 2015 rund fünf
Millionen junge Menschen arbeitslos.
Ende 2017 hatte sich die Lage verbes-
sert, doch in einigen Ländern war weiterhin jeder dritte junge Erwachsene
ohne Arbeit, in Griechenland und Spanien sogar noch mehr. Das bringt viele
Probleme mit sich. Im täglichen Leben
zum Beispiel ist in manchen Ländern
ein großer Teil der jungen Erwachse-
nen über viele Jahre von den Eltern
oder Sozialleistungen abhängig.
Arbeitslosigkeit kurz nach der Schule
hat zudem die Tendenz, sich zu verfes-
tigen. Wer in jungen Jahren keinen Job
hatte, findet auch später schlechter
eine Stelle. Zugleich haben es EU-weit
junge Menschen besonders schwer,
wirklich „gute Jobs" zu finden: 15- bis
24-Jährige sind überdurchschnittlich
häufig in sogenannten prekären Jobs
beschäftigt: Sie bekommen befristete
Verträge oder solche für nur wenige

Wochenstunden. Langfristig haben diese jungen Leute es schwer, einen gesicherten Lebensunterhalt für sich und ihre Familien zu verdienen, zu sparen oder für ihr Alter vorzusorgen.

36 WELCHES LAND IST DAS BESTE IM FUSSBALL? Auf diese Frage gibt es viele mögliche Antworten. Schaut man sich an, wie Vereine in Wettbewerben wie der Champions League oder dem Europapokal abschneiden, und rechnet das dann auf die Länder um, dann lauten die Top 5: Spanien, England, Italien, Deutschland, Frankreich. Aber haben die Unternehmen, die diese Klubs heute sind, noch viel mit den Ländern, in denen sie liegen, zu tun? Eher weniger.

38 WO STERBEN DIE MENSCHEN AM JÜNGSTEN? Wir geben in der Grafik die mittlere Lebenserwartung für Länder an. Die Werte lassen keine Vorhersagen für einzelne Menschen zu. Sie geben an: Wie alt kann ein Kind, das 2016 geboren wurde, im Durchschnitt in diesem Land werden? Weil dafür die Sterberisiken hier und heute ausgewertet werden, lassen sich mit den Daten Bevölkerungen gut vergleichen. Dass die Zahlen sich in 80 Jahren bewahrheiten, ist dagegen nicht so wahrscheinlich. Die Grafik zeigt, wie sich die lange Teilung Europas bis heute fortschreibt: Die Lebenserwartung liegt in vielen Ländern Osteuropas deutlich niedriger als in Westeuropa. Hier spiegelt sich vor allem der nach wie vor geringere Lebensstandard, den der Durchschnitt der Menschen dort

erreicht. Außerdem gab es in den Ländern in Teilen weniger gut ausgebaute Gesundheitssysteme und eine stärkere Umweltverschmutzung.

Sichtbar wird hier auch eine extreme Kluft zwischen den Geschlechtern. Früher lag die niedrigere Lebenserwartung von Männern zumeist daran, dass sie eher als Frauen in körperlich anstrengenden oder gar gefährlichen Berufen arbeiteten – etwa im Bergbau. Ein wichtiger Grund heute: Alkoholmissbrauch ist bei Männern sehr viel verbreiteter als bei Frauen und in einigen Ländern Osteuropas häufig. Eine Lebenserwartung von weniger als 70 Jahren – das sind Werte, wie sie sonst in Entwicklungsländern vorkommen!

40 WER ISST AM MEISTEN SCHOKOLADE? Braune Schokolade wird aus Kakao hergestellt. Er wächst an Bäumen in äquatornahen Ländern. Die EU bezieht den Großteil der hier benötigten Kakaobohnen aus drei Ländern: Elfenbeinküste, Ghana und Nigeria. Diese gelangen in Jutesäcken mit Containerschiffen etwa zu den Häfen von Amsterdam, Antwerpen oder Hamburg. In den Niederlanden sitzen viele Kakaomühlen, die den Rohstoff zu Kakaobutter, Kakaopulver und Kakaomasse weiterverarbeiten. In Sachen Produktion liegt Deutschland europaweit vorne: 2016 wurden hier mehr als 1 Million Tonnen Schoko-Produkte hergestellt, EU-weit waren es 2,7 Millionen Tonnen. Ein Teil davon geht in den Export, bei Deutschland trifft das auf die Hälfte der produzierten Schokolade zu. Sie ist ein nicht unbedeutender Wirtschaftsfaktor. Davon haben die afrikanischen Kakaobauern, die meist als Einzelbauern und in Kleinbetrieben arbeiten, nicht viel: Wenn wir im Laden 1 Euro für eine Tafel Schokolade bezahlen, kommen davon bei ihnen nur 3 bis 7 Cent an.

44 WIE ENTSTEHEN STAATSSCHULDEN?

Weit mehr als 10.000.000.000.000 Euro: Auf diese unfassbar große Zahl summierten sich die Schulden der 19 Euro-Staaten Anfang Dezember 2018. Das sind 10 Billionen Euro! Unsere Grafik erklärt in vier Schritten, wie Staatsschulden entstehen:

1. Ähnlich wie Familien haben Staaten einen Haushalt, sie nehmen Geld ein und geben welches aus. Einnahmen kommen vor allem aus Steuern, also Abgaben, die die Bürgerinnen und Bürger an den Staat zahlen müssen. Zum Beispiel geht, wenn wir etwas kaufen, in der Regel ein Teil des bezahlten Preises an den Staat: die Mehrwertsteuer. Menschen zahlen Steuern auf ihr verdientes Geld, auf Grundstücke, die sie besitzen, oder Hunde, die sie halten, und vieles mehr. Außerdem können Staaten Kredite aufnehmen. Alle Staaten tun das. Und wie bei normalen Krediten für Verbraucher müssen sie dafür Zinsen zahlen, eine Art regelmäßige Leihgebühr für das Geld. Sie müssen also mehr Geld zurückgeben, als sie sich geliehen haben. Ausgaben eines Staates sind vielfältig: Staaten zahlen zum Beispiel Renten, lassen Straßen bauen, bezahlen Lehrerinnen und haben in der Regel hohe Ausgaben für das Militär.

2. Wer mehr ausgibt, als er einnimmt, bekommt ein Problem. Das ist bei Staaten genauso wie bei Privathaushalten. Aber im Gegensatz zu Haushalten bestehen Staaten viel länger. Und sie haben noch einen Vorteil: In einem Staat arbeiten sehr viele Menschen. Das bedeutet, dass diejenigen, die im Leben Glück haben, denjenigen helfen können, die Pech haben.

3. Die schnellste Lösung lautet: mehr Kredite aufnehmen. Wenn Staaten das tun, sagt man: Sie geben Staatsanleihen aus. Die kann jeder Mensch kaufen, aber auch Banken, Fonds, Versicherungen und andere Staaten tun das. Denn sie wissen, dass sie regelmäßig Zinsen bekommen – und irgendwann den Schuldschein wieder für gutes Geld weiterverkaufen können. Im Idealfall bekommen sie so mehr Geld, als sie anfangs bezahlt haben. Das funktioniert so lange, wie alle dem Staat vertrauen. Sobald es unsicher erscheint, ob man seine Zinsen wirklich erhält und der Staat den Kredit überhaupt zurückzahlen kann, wird es für den Staat schwierig. Zunächst steigen dann die Zinsen: Die Kreditgeber lassen sich ihr Risiko bezahlen.

4. Damit kommen den Staat seine Kredite immer teurer zu stehen. Und er muss vielleicht neue Kredite aufnehmen – allein, um die Zinsen der alten Kredite bezahlen zu können. Hohe Schulden an sich sind nicht das Hauptproblem. Es kommt auch darauf an, wie gut es der Wirtschaft des Staates geht. Brummt sie, sprudeln die Einnahmen. Dann ist das Vertrauen in so einen Staat meist hoch – und jeder leiht ihm gern Geld.

46 WER SIND DIE ROMA? Die Romaflagge ist keine Staatsflagge, sondern die Flagge der Nation. Sie wurde 1971 vom Romani Weltkongress festgelegt. Das Blau darin symbolisiert Himmel, Freiheit, Spiritualität und Unendlichkeit. Das Grün steht für Natur, Erde, Fruchtbarkeit und die materiellen Dinge des Lebens; Rot für das Blut, das Roma über die Jahrhunderte wegen Verfolgung und Anfeindung bis zur Vernichtung durch die Nazis vergossen haben. Das Rad in der Mitte ist angelehnt an das Rad eines Pferdefuhrwerks und bringt das Fahren in die Flagge, es steht auch für Wachstum und Fortschritt. Außerdem lehnt es sich an das Chakra-Zeichen in der indischen Flagge an und verweist so auf die indischen Wurzeln der Roma.

47 WIRD EUROPA ZUR FESTUNG? 2004 hat die Europäische Union eine eigene Grenzsicherungsagentur geschaffen: Frontex heißt sie, mit langem Namen Agentur für die Grenz- und Küstenwache. Frontex soll die Sicherung der EU-Außengrenzen koordinieren. Sie erhält Ausrüstung und Grenzschutzbeamte aus den Mitgliedsstaaten. Finanziert wird sie von der EU. Ihr Budget wuchs von 6,2 Millionen Euro im ersten Jahr auf 302 Millionen Euro 2017. Unsere Grafik zeigt, wie EU-Staaten ihre Grenzen in den vergangenen Jahren zunehmend mit militä-

rischen Mitteln gesichert haben: Ende 2017 waren auf 1.000 bis 1.200 Kilometern Zäune oder Mauern gebaut worden. Zusätzlich waren Grenzen gerüstet mit: Stacheldraht, Elektrozäunen, diversen Sensoren (zur Erfassung von CO_2 aus der Atemluft, Bewegung, Wärme, Geräuschen) und Kamerasystemen (Bewegungskameras, Kameras mit Geräusch-/Wärmesensoren, Infrarotkameras für Nachtsicht). Außerdem im Einsatz: Hubschrauber, gepanzerte Fahrzeuge, Drohnen zur Luftraum-Überwachung, Boote und Schiffe mit Radaranlagen zur Überwachung des Mittelmeeres, Wachtürme (auch mobile) mit Radar sowie bewaffnete Grenzbeamte mit Hunden.

48 WAS MACHT DIE DONAU EINZIGARTIG? Wie kaum ein anderer Fluss spiegelt die Donau die Geschichte Europas: Unzählige Besiedelungen und Eroberungen fanden entlang der Donau statt. Vor 2.700 Jahren zum Beispiel segelten die Griechen donauaufwärts, vor 300 Jahren fuhren die Donauschwaben von Ulm aus in Siedlungsgebiete im heutigen Rumänien, Serbien und Ungarn. Immer wieder hat die Donau das Blut von Kriegen weggespült. Zuletzt 1999 im Kosovokrieg. Wer dazu mehr lesen will, findet tolle Aufsätze auf den Seiten der Bundeszentrale für politische Bildung im Bereich „Geschichte im Fluss/Donau".

Der Zerfall des Vielvölkerstaates Jugoslawien ab 1991 spielte sich teilweise an der Donau ab. Einige der entstandenen Staaten streiten noch heute um den exakten Verlauf ihrer Grenzen. Sinnbild dafür ist die Entstehung der Republik Liberland: Ein junger tschechischer Politiker hat in einem menschenleeren Zipfel an einer Donauschleife, um den sich Serbien und Kroatien streiten, 2015 einen virtuellen Staat gegründet. Dieser ist nicht anerkannt, doch er hat eine Online-Präsenz und vergibt Staatsbürgerschaften. Sein Motto: „Leben und leben lassen."

49 WER GEHT ZUM LERNEN IN EIN ANDERES LAND?

Das Erasmus-Programm der EU startete 1987 als Austauschprogramm für Studierende. Ein paar kuriose Fakten, die die Grafik nicht zeigt: Die Sonne Maltas zieht mehr als sechs Mal so viele Studierende an, wie das Land selbst schickt (im Jahr 2015 kamen 2.215 an und gingen 362 weg). Anders herum ist das Verhältnis in Mazedonien: Mit 209 mazedonischen Studenten gingen fast drei Mal so viele ins Ausland, wie von anderswo ins Land kamen (77). Zu guter Letzt kommen hier noch die Top 5 der studentischsten Städte Europas: Cerdanyola del Vallès in Spanien hat fast 60 Studierende pro 100 Einwohner, Leuven in Belgien kommt auf 56, Milton Keynes in Großbritannien auf 51, das italienische Pisa auf 49, und im deutschen Gießen leben unter 100 Einwohnern 48 Studierende. Das führt nicht selten dazu, dass die Städte während der Semesterferien wie im Tiefschlaf wirken.

55 WOHER KOMMT UNSER WISSEN ÜBER DIE WELT?

Wikipedia gibt es – Stand 2018 – in mehr als 300 Sprachen. Allein auf Englisch sind nahezu sechs Millionen Artikel verfügbar. Einem der Wikipedia-Gründer zufolge soll die Plattform „die Summe des menschlichen Wissens" abbilden. Doch bisher findet sich dort zum Großteil das Wissen der westlichen Welt. Einige Teile der Welt sind bei Wikipedia nahezu unsichtbar, besonders deutlich wird das für Afrika. Es gibt mehr Artikel über den nahezu unbewohnten Erdteil Antarktis als über die meisten Länder Afrikas. Das gilt genauso für viele Teile Lateinamerikas und Asiens. Die Datenspuren sind nicht nur ungleich verteilt, sie werden zudem in ungleicher Weise produziert. Das zeigen Analysen, die nachforschen, welche Menschen Wikipedia editieren, also Artikel schreiben und einstellen. Solche Ungleichheiten finden sich auch in anderen Regionen: So tragen Menschen aus Israel und dem Iran mehr zu Wikipedia bei als die Mehrzahl der Länder in Nordafrika, dem Nahen und Mittleren Osten zusammen. Weitere Auffälligkeit: Der Anteil der Inhalte über ein Land, der aus dem Land selbst stammt, ist höchst unterschiedlich. Für Deutschland, die USA und Australien liegt er bei über 75 %. Insgesamt wird etwa die Hälfte der Inhalte über Europa lokal verfasst. Für Afrika trifft das auf nur 5 % der Artikel zu. In Asien liegt der Anteil lokal geschriebener Inhalte bei etwa 30 %. Wikipedia weiß natürlich um diese Ungleichheiten und versucht, etwas dagegen zu tun. So gibt es unter anderem Workshops und Projekte, die gezielt Autoren und Autorinnen in Afrika weiterbilden und fördern. Letztere übrigens – also Frauen – sind bei Wikipedia schon lange unterrepräsentiert, wie die Website selbst angibt. Weil das nicht genau erhoben wird, gibt es hierzu nur Schätzungen. Demnach werden weit weniger als 20 % der Wikipedia-Inhalte von Frauen geschrieben. Wikipedia ist also westlich, weiß und männlich. Stand heute jedenfalls. Das sollte man im Hinterkopf haben, wenn man sich durch die Seiten klickt.

58 WO GIBT ES URWALD IN EUROPA?

Białowieża ist der Name eines Waldgebietes im Grenzgebiet von Polen und Weißrussland. Man spricht das durchgestrichene l im Polnischen ähnlich wie ein w aus. Białowieża ist 1.400 Quadratkilometer groß und dehnt sich damit auf deutlich mehr Fläche aus als Berlin. Dort wächst ein über lange Zeit vom Menschen unberührter, ursprünglicher Wald. Gäste sind meist besonders beeindruckt von den rund 900 frei lebenden Wisenten, die es dort gibt. Doch darüber hinaus gibt es in Białowieża eine Vielzahl bedrohter Tier- und Pflanzenarten. Deshalb hat die Bildungs- und Kulturorganisation der Vereinten Nationen, die UNESCO, den Wald zum Weltnaturerbe ernannt. Er ist auch durch EU-Bestimmungen besonders geschützt. Doch in den vergangenen Jahren gab es Ärger zwischen Polen und der EU darüber, wie viele Bäume polnische Waldarbeiter in dem Gebiet fällen dürfen. Dabei wurde auch der Europäische Gerichtshof eingeschaltet. Polen argumentiert, dass mit dem Fällen der Bäume eine Borkenkäferplage eingedämmt werden müsse. Gegner halten das für den falschen Weg und sehen auch bedrohte Tiere gefährdet. Im April 2018 hat der Europäische Gerichtshof geurteilt, dass Polen gegen EU-Recht verstoßen habe, und einen Stopp der Abholzungen angeordnet.

WOHER HABEN WIR DIE INFORMATIONEN?
Quellen & Hinweise zu ihrer Nutzung

Daten und Fakten finden sich zuhauf im Internet, klar. Aber man muss sich etwas reinfuchsen in Websites und Datenbanken. Ein paar Tipps: Viele Europa-Daten sammelt natürlich die Europäische Union, sie hat eine eigene Abteilung für Daten, Eurostat genannt. Die veröffentlicht eine Menge online, auch umfangreiche Datenbanken kann man dort durchforsten. Mit etwas Übung lassen sich daraus genaue Tabellen zu unzähligen Themen erstellen. Die EU führt außerdem regelmäßig Umfragen in den Mitgliedsstaaten durch, Eurobarometer heißen sie. Auf der Website kann man Themen suchen oder sich alle Umfragen für bestimmte Zeiträume anzeigen lassen. Viele Veröffentlichungen sind auf Englisch. Wir geben in der Regel auf Deutsch an, von welcher Institution eine Quelle stammt, und nennen das Jahr aus dem unsere Daten auf den Buchseiten sind. Hier kommen alle Informationen nach Seiten geordnet:

2 Gespräche mit den Geografen Benjamin D. Hennig, Hans-Dietrich Schultz und Francis Harvey, Weltkarte von Arno Peters sowie dazu die Veröffentlichungen der Deutschen Gesellschaft für Kartographie, pazifikständische Karte der Bundeszentrale für politische Bildung sowie „AuthaGraph-Weltkarte" des Japaners Hajime Narukawa

3 Informationen der Europäischen Union sowie des europäischen Fußballverbands UEFA

4 Eigene Berechnungen mit Daten von Eurostat

5 E-Mail-Auskunft des Kolonialismusforschers Wolfgang Reinhard sowie Veröffentlichungen der Bundeszentrale für politische Bildung, u.a. das Jugendmagazin „fluter" (# 47, 2013)

6 Gespräche mit dem Geografen Hans-Dietrich Schultz sowie seine Veröffentlichungen

7 Gespräche mit dem Wissenschaftsjournalisten und Anthropologen Michael Stang sowie Veröffentlichungen des Genetikers und Evolutionsforschers Svante Pääbo

8 Schautafel „Weltbevölkerung 2017" der Abteilung für Bevölkerungsfragen der Vereinten Nationen und deren Datenhandbuch „World Population Prospects" (2017) sowie das Statistik-Portal Statista

9 Eigene Erarbeitung mit Fischer Weltalmanach (2019)

10 und **11** Einwohnerzahlen nach Eurostat für Januar 2017, Flächen nach Angaben der Vereinten Nationen sowie Faltblatt „Kfz-Kennzeichen" des Allgemeinen Deutschen Automobil-Clubs, für die Ländernamen auch die Länderinformationen des Auswärtigen Amts Deutschland

12 Deutscher Wetterdienst sowie „Eurostat Regional Yearbook" (2018)

13 Eurobarometer-Umfragen zu Sport (# 472, 2017), Bildung (Flash Eurobarometer # 466, 2018), Tourismus (Flash Eurobarometer # 432, 2016) sowie Berechnungen aus Eurostat-Daten zu Familie und Freundschaft (2015)

14 Angaben von Interrail und eigene Berechnungen, außerdem Websites von FreeInterrail und Youdiscover EU der Europäischen Volkspartei

15 Flash Eurobarometer zu Bildung (# 466, 2018)

16 Informationen der EU sowie Rangliste von Passportindex.org, abgerufen im Oktober 2018. Achtung: Die Daten hier werden häufig aktualisiert und ändern sich mitunter von Tag zu Tag, etwa wenn Länder wegen internationaler Konferenzen vorübergehend ihre Einreisebestimmungen ändern.

17 und **18** Gespräche mit dem Migrationsforscher Jochen Oltmer sowie einige seiner Publikationen

19 Eurobarometer zu Staatsbürgerschaft (# 89, 2018)

20 Publikationen der Bundeszentrale für politische Bildung

21 Gespräche mit dem Friedensforscher Thorsten Gromes sowie unter anderem Uppsala Conflict Data Program und Sutton-Index

22 Friedensbericht „Global Peace Index 2018" der NGO Institute for Economics and Peace, Sydney sowie „Osnabrücker Jahrbuch Frieden und Wissenschaft", Deutsches Patent- und Markenamt, Winkeralphabet nach Website der Australischen Regierung sowie Gespräche mit dem Friedensforscher Thorsten Gromes

23 Friedensbericht „Positive Peace Report 2018" der NGO Institute for Economics and Peace, Sydney sowie Gespräche mit dem Friedensforscher Thorsten Gromes

24 und **25** E-Mail-Auskünfte und Veröffentlichungen der Politologen Jan-Werner Müller und Cas Mudde sowie Veröffentlichungen der Bundeszentrale für politische Bildung und des Harvard Pluralism Project

26 Gespräche mit der Religionswissenschaftlerin Christina Wöstemeyer und Christoph Wagenseil vom Religionswissenschaftlichen Medien- und Informationsdienst sowie eigene Erlebnisse

27 Eurostat-Daten und Erläuterungen, Bericht des Berlin-Instituts für Bevölkerung und Entwicklung „Unter einem Dach" (2013) sowie zu Diskriminierung die Zusammenstellung des Europäischen Parlaments „The Rights of LGBTI People in The European Union" (2018)

28 Gespräche mit unserem Jugendbeirat

29 und **30** Charta der Grundrechte der EU

31 Veröffentlichung der Europäischen Kommission „Die Europäische Union erklärt: Erweiterung" (2015)

32 Veröffentlichungen der EU, darunter Text von Churchills „Rede an die akademische Jugend", und der Konrad-Adenauer-Stiftung: „Vor 60 Jahren: Verkündung des Schuman-Plans", die Arte-Doku „Am Anfang waren es sechs: Die Römischen Verträge" sowie Veröffentlichungen der Bundeszentrale für politische Bildung

33 Heft „Die Europäische Union erklärt: So funktioniert die Europäische Union" sowie die Websites der Institutionen

Quellen & Hinweise zu ihrer Nutzung

34 Gespräche mit der Politologin Jale Tosun sowie diverse ihrer Veröffentlichungen und Daten von Eurostat

35 Urteilsschrift des Europäischen Gerichtshofs (C-415/93) und Veröffentlichungen des Forschungsprojekts „Bosman-Urteil und Nachwuchsförderung" der Universität Bielefeld (2002) sowie Gespräche mit den FAZ-Sportredakteuren Christian Kamp und Christoph Becker

36 Website der Europäischen Fußballunion UEFA sowie Bericht des Statista-Datenjournalisten Niall McCarthy „Soccer's Ridiculous Gender Wage Gap"

37 Bericht des Weltwirtschaftsforums „Gender Gap Report 2017" sowie Spezial Eurobarometer zur Chancengleichheit der Geschlechter (# 465, 2017)

38 Daten aus dem „Eurostat Regional Yearbook 2018", von der Weltbank sowie Bericht des Berlin Instituts für Bevölkerung und Entwicklung „Hohes Alter, aber nicht für alle" (2017)

39 Der Bericht „World Happiness Report 2018" im Auftrag der Vereinten Nationen

40 Statistiken und Berichte der Internationalen Kakao-Organisation für die Ernte-Saison 2016/17, des Verbandes Caobisco „Statistical Bulletin 2018" sowie Daten von Eurostat. Außerdem Angaben des Internationalen Handelszentrums für die Lage von Kakaobauern aus dessen Bericht „The State of Sustainable Markets 2017"

41 Zahlreiche Veröffentlichungen, unter anderem die Eigendarstellungen der Inseln auf ihren Websites, Encyclopedia Britannica und UNESCO

42 Zahlreiche Medienberichte zum Brexit sowie Gespräche mit der Bundestagsabgeordneten Dr. Franziska Brantner (Bündnis 90/Die Grünen)

43 Die Websites der Zentralbanken der Staaten

44 Gespräche mit dem Wirtschaftswissenschaftler Wolfgang Eggert

45 Eurostat-Daten und der Bericht „Living Conditions in Europe 2018"

46 Informationen vom Zentralrat Deutscher Sinti und Roma, dem feministischen Netzwerk Romani-Phen sowie aus dem Bericht „Protecting The Rights of Roma and Travelers" (2016) des Europarats

47 Der Bericht „Building Walls: Fear and Securitization in the European Union" (2018) des Centre Delàs d'Estudis per la Pau, Barcelona sowie der jährliche Bericht des Europäischen Parlaments „Report on the Functioning of the Schengen Area" (2018)

48 Überblickspublikation der Internationalen Kommission zum Schutz der Donau „The Danube River Basin: Facts and Figures" und des Österreichischen Bundesministeriums für Nachhaltigkeit und Tourismus sowie das Dossier „Geschichte im Fluss: Die Donau" der Bundeszentrale für politische Bildung

49 Eigene Berechnungen aus den Daten der Europäischen Kommission zum Erasmus-Austausch

50 Kartendaten mit freundlicher Genehmigung des Bloggers Jakub Marian und Gespräche mit dem Sprachforscher Sebastian Velten Drude

51 E-Mail-Auskunft der Kulturwissenschaftlerin Defne Karaosmanoglu

52 Bericht für das Europäische Parlament „Das Wohlergehen von Tieren in der Europäischen Union" (2017) und das Infoblatt „Bienengesundheit" der Europäischen Kommission sowie das Buch „Iss was?! Tiere, Fleisch und ich", Heinrich-Böll-Stiftung

53 Jahresbericht des Verbands der europäischen Haustierfutter-Industrie Fediaf (2017)

54 Daten von Eurostat für 2017 sowie der Greenpeace-Bericht „After the Binge, the Hangover: Insights into the Minds of Clothing Consumers" (2017)

55 Daten und E-Mail-Auskunft des Internetgeografen Mark Graham

56 Informationen aus Publikationen diverser Museen sowie von der Kunsthistorikerin Ada Raev

58 Veröffentlichungen der UNESCO zum Weltnaturerbe Białowieża sowie Urteil des Europäischen Gerichtshofs (C-441/17, 2018)

59 Gespräche mit Jugendlichen aus der Organisation Junge Europäische Föderalisten sowie die Bücher „Wer, wenn nicht wir?" des Young European Collective und „Warum Europa eine Republik werden muss!" der Politologin Ulrike Guérot

60 Projekt-Website des US-Geologen Christopher R. Scotese, Alastair Bonnetts Buch „Atlas unserer Zeit" (2017) sowie die Websites der Magazine National Geographic und Spektrum

Dieses Buch ist erhältlich als:
ISBN 978-3-407-81245-2 Print
ISBN 978-3-407-74776-1 E-Book (PDF)

© 2019 Beltz & Gelberg
in der Verlagsgruppe Beltz · Weinheim Basel
Werderstraße 10, 69469 Weinheim

Alle Rechte vorbehalten

Konzeption Gesine Grotrian & Susan Schädlich
Text Susan Schädlich
Illustration & Gesamtgestaltung Gesine Grotrian
Fachliche Beratung Bernadette Werrelmann
Mitarbeit Illustration Moni Dahl
Reinzeichnung Tine Breuer
Schrift Kakadu von Ludwigtype
Druck und Bindung Beltz Grafische Betriebe,
Bad Langensalza **Printed in Germany**
1 2 3 4 5 23 22 21 20 19

Weitere Informationen zu unseren Autor_innen und
Titeln finden Sie unter: www.beltz.de

Das Buch ist entstanden mit fachlicher Begleitung
durch das Center for Applied European Studies der
Frankfurt University of Applied Sciences, bei dem wir
uns herzlich bedanken, insbesondere für die große
Unterstützung durch Corinna Kartmann.

Ein großer Dank geht außerdem an die vielen Expertinnen und Experten, die in zahlreichen Gesprächen
zur Seite standen:

Dr. Franziska Brantner, Abgeordnete im Deutschen
Bundestag für Bündnis 90/Die Grünen

Prof. Sebastian Velten Drude, Institut für Sprachen,
Universität von Island, Reykjavík

Prof. Wolfgang Eggert, Institut für Wirtschaftstheorie
und Finanzwissenschaften, Universität Freiburg im
Breisgau

Prof. Mark Graham, Oxford Internet Institute,
Großbritannien

Dr. Thorsten Gromes, Hessische Stiftung für Frie-
dens- und Konfliktforschung, Frankfurt am Main

Prof. Felix Hanschmann, Juristische Fakultät,
Humboldt-Universität zu Berlin

Prof. Francis Harvey, Visuelle Kommunikation
in der Geographie, Universität Leipzig

P.D. Benjamin D. Hennig, Kartogramme-Projekt
Worldmapper

Dr. Defne Karaosmanoglu, Fakultät für Kommunikation, Kadir-Has-Universität, Istanbul, Türkei

Jakub Marian, Mathematiker und Blogger

Prof.in Judith Miggelbrink, Humangeographie,
Technische Universität Dresden

Prof. Cas Mudde, Institut für Öffentliche und Inter-
nationale Angelegenheiten, Universität Georgia, USA

Prof. Jan-Werner Müller, Institut für Politik, Universität
Princeton, USA

Prof. Jochen Oltmer, Institut für Migrationsforschung
und Interkulturelle Studien, Universität Osnabrück

Gerhard Lux, Deutscher Wetterdienst

Prof.in Ada Raev, Institut für Slavische Kunst- und
Kulturgeschichte, Universität Bamberg

Prof. Wolfgang Reinhard, Kolonialismusforschung,
Universität Freiburg im Breisgau (emeritiert)

Prof. Hans-Dietrich Schultz, Geografie, Humboldt-
Universität zu Berlin (emeritiert)

Michael Stang, Wissenschaftsjournalist und
Anthropologe

Prof.in Jale Tosun, Leiterin des Verbundforschungs-
projekts CUPESSE Jugendarbeitslosigkeit in Europa
am Mannheimer Zentrum für Sozialforschung

Christoph Wagenseil, Religionswissenschaftlicher
Medien- und Informationsdienst REMID, Marburg

Christina Wöstemeyer, Institut für Theologie und
Religionswissenschaft, Universität Hannover

Unser herzlichster Dank geht an Bernadette
Werrelmann für ihre große Hilfe und ihren genauen
Blick. Dankeschön an Beatrice Wallis und Carolin
Eichenlaub für ihr Mitdenken. Und wir danken
unseren Familien für ihre große Unterstützung: Pola
und Uma Grotrian, Detlef Eberhard sowie Christian,
Ferdinand und Bela Kamp.

IMPRESSUM & Dankeschön

Wir sind viele.

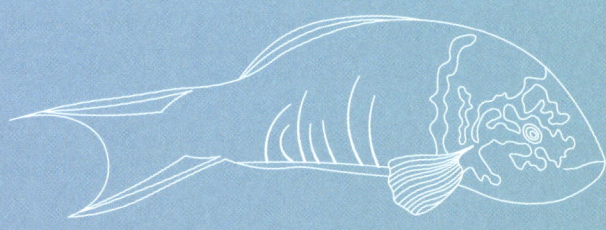

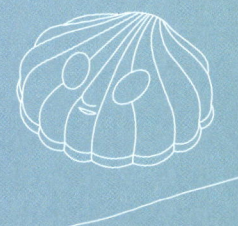